영화로

더 나은 세상을
꿈꾸다

지혜의 시대

영화로
더 나은 세상을
꿈꾸다

변영주

창비
Changbi Publishers

대중강연은 언제나 버거운 일이다. '강연'은 마치 '영화'처럼 주관적인 각자의 해석을 수행하는 대중과 짧게 갖는 만남이고, 그 해석의 대상은 말 혹은 영화라고 할 수 있겠다. 해석의 대상이 영화인 경우 감독인 '나'라는 존재는 그렇게 중요하지 않다. 영화를 만든 내가 있지만 사람들이 해석하는 것은 영화의 이야기 혹은 이미지인 것이지 감독인 내가 아니기 때문이다.

강연은 영화와 다르다. 대중이 해석하는 대상은 바로 내가 그 자리에서 발화한 말이다. 그러니 말하는 사람인 내가 뒤로 숨을 구석이 없다. 영화를 만드는 입장에서 숨을 뒷배가 없는 행위는 언제나 난처하거나 버겁기 마련이다.

그리고 난 알고 있다. 나의 말이건 나의 영화건, 결국 그것을 경험한 청중 또는 관객의 개별적 해석이 내 의도 나 주제와 일치하지 않을 수도 있다는 사실을. 그것은 당 연한 일이다. 한 공간에서 강연이라는 공통의 경험(보거나 혹은 듣거나)을 한들 공통의 기억을 갖게 될 리 없고, 귀와 눈을 통해 받아들여질 나의 언어는 개개인의 삶과 생각, 현재 상태에 따라 각자 다르게 향유할 것이기 때문이다.

그래서 실은 "제 의도는 그것이 아니고"라는 말은 통 할 수 없다. 언어의 생산자인 나와 상관없이 내 언어를 경 험한 청중들의 해석이 언제나 각각 옳다고 믿기 때문이 다. 그래서 강연은 영화보다 더 버겁다.

그럼에도 불구하고, 때때로 조심스레 하얀 손수건을 흔들 듯 내 생각을 전달하고 싶은 때가 있다. 이번 '지혜 의 시대' 강연이 그랬던 것 같다.

지금 우리는 한때 모두 같은 전선에 선 동지였는데, 네가 배반했다거나 내가 변절했다며 각자의 그 작디작은 깃발을 흔들고 있는 것 같다. 하지만 나는 우리가 애초에 같은 전선에 섰던 적이 없으며, 조심스럽게 우리의 교집합을 조금씩 확인해보는 중이라고 생각한다. 그래서 각자의 깃발을 흔드는 이들에게 누가 당신을 배신한 것이 아니라, 아직은 교집합의 크기가 외로움과 욕망에 비해 작을 뿐이라는 그런 말을 하고 싶다. 나아가 결국 우리가 교집합을 키우기 위해 해야 할 단 하나의 일은 '너'의 이야기를 수줍게 듣는 것밖엔 없다는, 그런 이야기를 말하고 싶었기 때문에 또다시 강연에 나서게 되었다.

이번 강연에선 먼저, 나 스스로 나침반이라고 생각하는 창작의 원칙과 태도에 대해 이야기했다. 결국 창작이란 '나는 어떻게 살고자 하는가'라는 결기와 '나는 무엇을 사랑하는가'라는 태도로부터 시작되는 것이라고 믿는다. 문제는 창작자를 꿈꾸는 많은 사람들이 그 결기와 태도의 주어라고 할 수 있는 '나'를 스스로 해석하기 어려워한다는 것이다. 그래서 '나'를 설명하기 위한 지도를 그리는 법이 강연의 중심이었다.

'나'를 설명할 수 있어야 '우리'를 볼 수 있고, '우리'

를 봐야 사랑에 빠지는 무언가와 만날 수 있다. 그것이 글이건 영화건 무엇이건 모든 창작의 시작이라고 생각한다. 말은 마치 풍선처럼 자기 멋대로 움직이며 갈피를 잡지 못했지만 그 모든 말의 목적은 결국 그것을 설명하고자 하는 것이었다.

그렇게 숨지 못하고 또 내가 먼저 이야기를 했다. 그러니 이제 당신의 이야기를 얌전히 듣고자 한다.

2018년 9월

변영주

차례

지혜의 시대

영화로

더 나은 세상을
꿈꾸다

좋은 사회가
좋은 영화를 만든다

　안녕하세요. 영화감독 변영주입니다. 오늘 강연 제목
은 '영화로 더 나은 사회를 꿈꾸다'입니다. 옛날에는 영화
에 세상을 변화시키거나 바꿀 수 있는 힘이 있다고 생각
했어요. 하지만 지금은 영화가 이 사회를 더 좋게 만들 거
라고 생각하지 않습니다. 지금 제게 영화란 '세상을 좀더
바르게, 좋게 만들기 위해, 보다 많은 사람들의 행복을 위
해 노력하는 사람들이 지치고 힘들 때 위로를 주는 것'에
가깝지요.

　그럼에도 강연 제목을 이렇게 지은 이유는 영화만큼
그 영화가 만들어진 시대와 사회를 명백하게 발현하는 대
중예술이 없기 때문입니다. 그렇게 보면 좋은 영화가 좋

은 사회를 만드는 게 아니라 좋은 사회에서 좋은 영화가 만들어진다고 할 수 있겠지요. 이런 맥락에서 어떤 사회에 좋은 영화가 없다는 것은 그만큼 좋은 담론이 생성되지 않는 그 사회 자체에 문제가 있다는 말이 됩니다. 영화가 만들어지는 공간을 구성하는 사람들이 전체적으로 절망하고 있다면 절망의 영화가, 포기하고 있다면 포기의 영화가 만들어질 수밖에 없지요.

그 예로 저는 요즘 일본영화를 보면서 놀랄 때가 많습니다. 얼마 전에도 고레에다 히로카즈 감독의 신작 「세번째 살인」을 보고 크게 놀랐습니다. 영화 자체는 정교하게 잘 만들어진 영화였어요. 생각도 많이 하게 만들고 무엇보다 재미있기도 했어요. 그런데 이 영화 어디에도 사회가 더 나아질 거라는 기대나 희망이 없었습니다. 잘못된 제도와 체제를 개선하고 낡은 문화를 바꾸자고 촉구하는 것이 아니라 그것이 선이든 악이든 상관없이 현재 시스템은 바꿀 수 없는 기본값이라고 규정하는 것 같았어요. 한국영화는 상황의 개선을 지나치게 쉽게, 혹은 낭만적으로 생각하는 것이 문제인데 말이지요. 이렇듯 영화는 명백하게 사회에 종속적인 대중예술입니다. 제가 앞서 좋은 사회가 좋은 영화를 만든다고 한 것은 이런 의미입니다.

인류가 창조해낸
가장 반동적인 예술,
영화

영화는 1895년 처음 발명된 시점부터 명백하게 자본과 기술이 집약된 조건에서만 만들어질 수 있었습니다. "영화는 인류가 창조해낸 가장 반동적인 예술"이라는 미셸 푸코의 말처럼 영화를 만들기 위해서는 필연적으로 많은 돈을 들여야 하지요.

초기에는 영화 제작에 당대 최고의 기술이 이용되었습니다. 카메라 한대가 집채만큼 컸지요. 할리우드라는 공간이 생긴 것도 그 때문입니다. 커다란 카메라를 들고 여기저기 다니면서 촬영할 수 없기 때문에 세상의 모든 것을 재현할 수 있는 거대한 세트장이 필요했던 거예요. 자본과 기술이 집약된 미국에 싸고 넓은 땅이 어디 있을까?

1년 내내 비가 거의 내리지 않아서 매일매일 밤낮없이 촬영할 수 있는 곳이 어딜까? 그런 곳이 바로 할리우드였고, 여기에 대규모 세트장을 지으면서 본격적으로 영화를 만들기 시작했습니다.

영화는 이처럼 고도의 기술력과 자본의 집중으로 만들어지기 때문에 여기서 이윤을 남기려면 국제적인 배급망이 필요합니다. 전세계 어디에서든 자본과 기술, 그리고 국제적인 배급망, 이 세가지를 모두 쥐고 있는 건 가진 자들밖에 없습니다. 그러다보니 영화는 필연적으로 가진 자의 담론, 즉 그 사회를 운영하는 사람들의 담론 안에서 만들어질 수밖에 없는 것이지요.

놀랍게도 이런 흐름에 또다른 가능성이 생겨난 계기가 된 것이 기술문명의 발달이었습니다. 2차 세계대전 기간에 사람들은 영화가 훌륭한 선전 무기라는 걸 깨달았습니다. 독일·일본·이탈리아뿐 아니라 미국·영국 등도 반드시 승리할 것이라는 확신을 주고 자신들이 얼마나 위대한 전쟁을 하고 있는지를 홍보함으로써 최대한 많은 이들을 전쟁터로 끌어들이고자 했고, 바로 거기에 영화를 이용했던 겁니다.

선전영화를 가장 그럴듯하게 사실적으로 만드는 방법은 무엇일까요? 바로 실제 전쟁터에서 찍는 겁니다. 전쟁터에서 촬영하려다보니 카메라가 끊임없이 작아지기 시작했습니다. 전투기에 실어서 전쟁터에 들고 나갈 수 있을 만큼 작고 가벼운 카메라들이 등장했지요. 여기에 사운드를 잡아주는 기계까지 발명되고 꾸준히 개선되었습니다. 그 결과 1950~60년대부터는 사람 어깨에 걸쳐놓고 촬영할 수 있을 정도로 장비가 작아지고 가벼워졌습니다.

이로써 할리우드라는 시스템 바깥에서 영화를 찍을 수 있게 된 거예요. 그전에는 세트장에 가지 않으면 어떤 것도 만들 수 없었는데 이때부터는 길거리에서도 영화를 찍을 수 있게 된 겁니다. 그 대표적인 예가 1948년에 나온 비토리오 데 시카 감독의 「자전거 도둑」이라는 영화입니다. 「자전거 도둑」은 배우가 시나리오를 따라 연기하는 극영화입니다. 하지만 이 영화가 나온 당시에는 많은 학자들이 「자전거 도둑」을 다큐멘터리라고 불렀습니다. 세트 장 바깥에 실제로 사람이 살고 있는 도시를 뛰어다니면서 찍은 영화이기 때문에 이것이야말로 다큐멘터리가 아닐까 생각했던 겁니다.

이렇듯 기술문명의 발달은 막대한 자본이나 고도의 기술력 없이도 영화를 제작할 수 있게 했고, 그렇게 만들어진 영화를 우리는 독립영화라고 합니다. 결국 독립영화란 자본이 집중된 스튜디오와 국제적인 배급망으로부터 독립적인 영화인 것이지요. 즉 독립된 자본과 독립된 배급망을 가지고, 지배담론 너머의 이야기를 하는 영화를 독립영화라고 할 수 있습니다.

하지만 미국에서는 독립영화라는 이름이 다른 의미로 사용되기도 했습니다. 미국에서는 일찌감치 할리우드 시스템이 정착되었기 때문에 여기서 완전히 벗어난 영화를 만드는 것이 거의 불가능했어요. 그래서 미국에서는 한때 감독이 편집권을 가진 영화를 독립영화라고 불렀습니다. 가령 우디 앨런 감독을 '인디펜던트'라고 이야기하

독립된 자본과 독립된 배급망을 가지고,
지배담론 너머의 이야기를 하는 영화를 독립영화라고 할 수 있습니다.

는 건 곧 그의 영화가 완벽히 그의 디자인 안에서 만들어
지고 있다는 의미입니다.

한편 한국의 경우 1990년대와 2000년대 초까지만 해
도 감독에게 편집권이 있었습니다. 한국이 감독의 예술성
을 훨씬 존중했기 때문이 아니라 자본주의가 덜 발달해서
분업화가 덜 됐던 거지요. 그 덕에 영화와 관련된 책임과
권리가 전부 감독에게 있었습니다. 지금은 상황이 조금
달라졌지만요.

사전검열과
한국 독립영화

다시 본래의 독립영화 개념으로 돌아가서 독립영화가 독립된 자본과 기술, 배급망을 기본으로 하는 영화라고 할 때, 한국의 독립영화는 넘어야 할 산이 하나 더 있었습니다. 바로 검열입니다. 1990년대까지 한국의 영화 관련 법은 일제강점기 때 일본에서 만들어진 영화법을 그대로 차용했어요. 창작의 진흥보다는 관리, 검열에 중심을 뒀지요. 그래서 당시의 영화 관련 법은 창작의 자유가 중심이 아니라 어떻게 검열할 것인가 혹은 어떻게 통제할 것인가를 중점에 두고 만들어졌습니다.

예를 들어 당시에는 누군가 세계적으로 흥행한 할리우드 영화를 한국에 배급하고 싶다면 정부로부터 영화를 수입하고 상영할 권리를 승인받아야 했습니다. 지금은 외국영화 수입업자로 등록만 하면 됩니다. 하지만 그때는 허가제였던 거지요. 그런데 정부로부터 영화 수입 및 상영의 권리를 얻는다는 게 굉장히 어려운 일이었습니다. 이를 위해서는 우선『감자』나『상록수』같은 한국 유명 작가의 소설을 원작으로 한 문예영화, 혹은 새마을운동이나 반공을 소재로 한 영화를 만들어서 표창을 받는 등 정부의 인정을 받아야 그 영화의 제작자 혹은 저작권 소유자가 외국영화를 수입할 수 있는 권리를 얻을 수 있었습니다. 임권택 감독이 1970년대에 수많은 반공영화를 만든 데에는 영화사 사장에게「벤허」같은 해외 유명 영화를 수입할 수 있는 권리를 주려고 한 이유도 있었던 겁니다.

　박정희정부 때인 1976년에는 공연윤리위원회라는 것을 만들어서 '건전한 공연 풍토를 정립한다'는 명목으로 영화의 내용을 사전심사하고 심의기준에 부적합하면 상영을 금지하거나 문제가 된다고 생각하는 부분을 잘라내게 하는 방식을 도입했습니다. 운 좋게 상영금지를 면했다

해도 특정 부분이 잘려나가면 이야기 흐름이 어색해지지요. 그러다보면 검열위원들이 보기에도 말이 안 되는 부분이 많으니 '말이 되게 하려면 다 잘라야 되지 않아?' 하면서 한 부분을 통째로 들어내는 일도 적지 않았습니다.

더군다나 북한과 관련된 인물이나 좌익은 '인간적인' 모습으로 묘사되어서는 안 된다는 심의원칙이 있었습니다. 예를 들어 1955년에 나온 「피아골」은 단지 빨치산들의 생활을 리얼하게 다루었다는 이유만으로 찬양고무죄 적용이 검토되기도 했습니다. 심지어 이 영화는 빨치산들을 본능에 허물어진 포악하고 부정적인 '인간'으로 묘사한 반공영화였는데도 말이지요.

이렇듯 우리나라 독립영화는 검열 혹은 사전심의와의 전쟁을 겪으며 시작됐다고 할 수 있습니다. 영화제작업자로 등록하지 않은 상태로 영화를 만들어 미리 검열받지 않고, 등록되지 않은 공간, 즉 극장이 아닌 곳에서 영화를 상영하는 것이 독립영화의 시작이었어요. 모든 게 다 불법이었던 것이지요.

ⓒ연합뉴스

1976년 도입된 공연윤리위원회는 '건전한 공연 풍토를 정립한다'는 명목으로
영화의 내용을 사전심사했습니다.

그 예로 1990년에 장산곶매라는 독립영화 단체에서 만든 「파업전야」라는 영화가 있습니다. 노조 결성을 둘러싼 노동자들의 투쟁과 저항을 담은 영화인데, 정부에서 이런 영화를 가만히 뒀을 리가 없지요. 당시 노태우정부는 이 영화가 파업을 선동한다며 공권력을 동원해서 상영을 방해했습니다. 그런 탓에 이 영화는 대학가를 중심으로 불법 순회상영되었는데, 무려 30만(추정)이나 되는 관객이 이 영화를 봤다고 해요. 아무튼 대학에서 이 영화를 순회상영할 때마다 사수대 친구들이 상영관을 지키고 전경들이 상영을 막으려고 우르르 들어오고 그런 말도 안 되는 일이 벌어졌어요. 지금 생각해보면 「파업전야」는 기껏해야 할리우드 영화의 문법을 그대로 따른, 너무도 낭만적이고 순박해서 약간은 촌스럽기까지 한 영화예요. 그렇다면 정부는 왜 이 영화의 상영을 그토록 필사적으로 막았을까요? 아마도 이런 영화의 상영을 허가하는 순간 통제가 불가능해진다고 생각했기 때문일 거예요.

누가
영상의 등급을
결정하는가

이런 흐름에 변화가 생긴 때가 김영삼정부 시기입니다. 1996년 영화 사전심의제도가 위헌 판결을 받고, 1997년에는 영화 사전심의제도를 상영등급부여제로 바꾸었습니다. 그 이듬해에는 공연윤리위원회를 해체하고 1999년 영상물등급위원회를 만들었지요. 이로써 영화에 대한 사전심의가 불가능해졌습니다. 더이상 영화를 자기들 마음대로 자를 수 없게 된 거지요.

하지만 영화를 아예 상영하지 못하게 하는 방법은 여전히 유효합니다. 영화를 상영하려면 영상물등급위원회에서 상영등급을 받아야 하기 때문이지요. 개봉 영화의 등급은 전체 관람가, 12세 관람가, 15세 관람가, 청소년 관람불가, 제한상영가(제한관람가), 이렇게 다섯 등급으로 나누어지는데, 영상물등급위원회에서 아무도 봐선 안 된다고 판단한 영화는 제한상영가 등급을 받습니다.

제한상영가는 등급외라고도 하는데요. 등급외 판정을 받으면 극장 상영이 아예 불가능해집니다. 외국에는 등급외 영화들만 모아서 상영하는 전용관이 있지만 한국에는 등급외 전용관이 없기 때문이지요. 결국 상영등급부여제 역시 막강한 권력을 가지고 있는 겁니다.

한때 조선일보 출신 기자들과 보수적인 학부모단체 분들이 영상물등급위원회 위원의 다수를 차지했던 적이 있습니다. 이명박정부 들어 '청소년 보호'와 '모방범죄에 대한 우려'가 영상물등급위원회의 최우선 가치로 떠오르면서 보수 성향의 언론인과 학부모 들이 위원회의 대다수를 구성하게 된 거지요.

그 결과 말도 안 되는 심의 결과가 나오기도 했습니다. 개인적으로 가장 기억에 남는 상영등급 판정은 노덕 감독이 연출하고 김민희, 이민기씨가 주연을 맡은 「연애의 온도」라는 영화의 등급이었습니다. 이 영화는 과한 노출이나 구체적인 섹스신이 없는 가벼운 로맨틱 코미디입니다. 그런데 상영등급이 청소년 관람불가로 나왔어요.

한국 상업영화에서 15세 관람가인지 청소년 관람불가인지는 흥행에 굉장히 중요한 영향을 미칩니다. 15세 관람가로 판정된 영화는 열세살 아이라도 보호자와 함께 본다는 조건하에 관람이 가능합니다. 따라서 15세 관람가 판정을 받으면 중학생 이상은 모두 다 볼 수 있는 영화가 돼요. 관객층이 확 넓어지죠. 하지만 청소년 관람불가가 되면 말 그대로 18세 이상 성인만 볼 수 있습니다.

저는 「연애의 온도」가 왜 청소년 관람불가가 되었는지 궁금했어요. 그래서 알아봤더니 그 이유가 첫째로 직장 내 불륜으로 보이는 커플이 나오기 때문에 청소년 교육에 좋지 않다는 것이었고, 두번째는 결혼하지 않은 미혼 남녀가 밤에 여관에 들어가서 다음날 아침에 나오는 것으로 보이는 장면이 있다는 것이었습니다.

이건 굉장히 무서운 겁니다. 심의기준은 반드시 물리

적이어야 하거든요. 예를 들어 전신 노출 장면이 몇초 이상 나왔다, 구체적인 성행위 장면이 몇초 이상 나왔다, 사람을 죽이거나 폭행하는 장면이 어떤 도구를 사용하여 몇초에 걸쳐 특정한 액션과 함께 나왔다, 이렇게 물리적인 근거가 있어야 합니다.

누가 영상물등급위원회의 위원장이 되고 어떤 정부의 어떤 사람이 문화체육관광부의 장관이 되건 심의는 명징하게 물리적 근거에 의해 규정되어야 하는데 심증에 의한 등급평가가 인정되는 거지요. 「연애의 온도」의 경우와 같이 심적 근거를 인정하기 시작하면 '정부를 전복시킬 것 같은 느낌 때문에' '북한에 이로울지도 몰라서'라는 이유로 영화 상영을 금지하는 것도 가능해집니다. 저는 그래서 이 사례가 급진적인 정치영화가 심의에 걸린 것보다 훨씬 더 위험하다고 생각합니다.

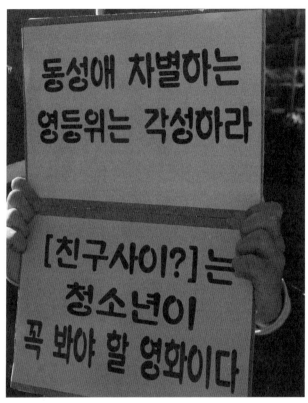

심의란 물리적 근거에 의해 규정되어야지, 심증에 의해 등급을 평가해서는 안 됩니다.

영화제의 심의 여부가
민주화 수준을
보여준다?

우리가 극장에서 보는 대부분의 한국영화는 이와 같은 심의나 등급평가 과정을 거쳐서 상영됩니다. 이에 대한 반발로 한때 사전심의 철폐 또는 등급평가 거부를 주장하는 운동이 굉장히 거셌습니다. 그 운동의 맨 앞에 섰던 게 영화제였지요.

대부분의 영화제는 상업적인 목적에서 시행하는 것이 아니기 때문에 여기에서 상영되는 영화는 대개 심의를 받지 않습니다. 그 예로 프랑스에도 한국과 같은 상영등급 심의제도가 있지만 칸 영화제 출품작들은 심의를 받지 않습니다. 그런데 부산국제영화제는 초청작에 대한 심의를 합니다. 물론 일반 개봉작보다는 훨씬 유연하지만 영상물등급위원회의 등급심의를 받습니다.

그래서 심의를 받지 않으려고 퀴어영화제를 만들었습니다. 레즈비언, 게이 등 성소수자들의 삶과 인권, 일상을 소재로 한 영화인만큼 심의 결과가 늘 나빴거든요. 1997년에 1회 서울퀴어영화제를 개최하려고 했는데 공연윤리위원회가 심의 불허 입장을 고수하는 바람에 무산되고, 공연윤리위원회가 해산된 이듬해에 드디어 영화제를 했어요. 그런데 여기서도 심의를 했습니다. 심의 받으면 등급외 판정날 게 뻔하기 때문에 심의를 안 받으려고 영화제를 통해 작품을 발표하는 건데 기어코 심의를 받게 한 것이죠.

당시 민주화가 덜 진척된 나라들이 대부분 영화제 심의를 했어요. 제게 가장 기막힌 기억 중 하나는 타이페이 국제영화제에서 받은 제 영화 「밀애」의 등급이었습니다. 그 영화가 그렇게 야한가요? 노출이 많은 영화는 아니죠. 그런데 그 영화가 등급외 판정을 받았습니다. 여기서는 등급외라도 상영을 하기는 하는데 영화를 보려면 상영관에 들어가기 전에 본인이 영화전문가라는 서명을 해야 했어요. 사실 요식행위였지만 예외 없이 모두 서명을 하고 들어가야 하는 거예요. 그것만으로도 굉장히 기분이 나쁘죠. 저는 '내가 왜 여기에 서명을 하고 내 영화를 봐야 하지?' 싶었고, 일반 관객들도 '나는 영화전문가가 아닌데 왜 거짓말을 해야 하지?' 하고 생각했을 거예요.

다른 예로 「낮은 목소리」 1편 포스터에는 할머니의 나신이 담겨 있어요. 할머니 한분이 상체를 드러내고 정면을 바라보는 사진으로, 늙고 병든 할머니의 나신과 마주하는 순간 이 영화가 어떤 영화구나, '위안부' 문제가 단지 과거의 이야기가 아니라 지금도 생생하게 살아 있는 할머니의 이야기구나 하는 것을 분명하게 보여주는 포스터였어요. 그런데 홍콩영화제에서 포스터의 할머니 가슴 부위에 모자이크를 해서 정말 이상한 포스터로 만들어놨어요. 이런 것들이 '덜 민주주의'의 핵심이에요. 시민들이 후진 인간이라고 믿는 사람들의 민주주의, 시민들이 가슴만 보면 흥분해서 범죄를 저지를 거라고 믿는 나라의 민주주의인 거지요.

　한국 독립영화의 흐름이 다시 한번 바뀌게 된 건 김대중정부가 들어선 이후입니다. 김대중 전 대통령 야인 시절에 동교동계 인사들과 함께 「낮은 목소리」를 보러 오신 적이 있어요. 그때 제게 이런 독립영화들을 적극 지원하는 게 중요하다고 말씀하셨는데, 당시에는 그 말씀에 큰 의미가 있다고 생각하지 못했습니다. 그때는 아무도 그분이 차기 대통령이 될 거라고 생각하지 않았거든요. 그런데 김대중정부 때부터 독립영화에 대한 사전제작지원 정책이 만들어졌고, 심의가 훨씬 더 유연해졌고 독립영화 전용관이 만들어졌습니다.

다이렉트 시네마부터
시네마 베리테까지,
독립영화 독법

여러분도 한국 독립영화 한두편은 보셨을 거예요. 김일란, 홍지유 감독의 「두개의 문」, 제가 연출한 「낮은 목소리」, 김동원 감독의 「상계동 올림픽」, 이런 것들이 모두 독립영화지요.

이런 영화들은 영화진흥위원회에서 사전제작지원 형식의 제작비 지원과 각 지역 영상위원회의 제작지원을 통해 만들어지고 독립영화 전용관에서 상영됩니다. 이처럼 독립영화, 그중에서도 다큐멘터리를 중요시하는 것은 영화가 어떤 시선으로 세상을 봐야 하는지를 명백하게 보여주는 장르이기 때문입니다.

극영화는 이야기의 영향을 많이 받습니다. 관객 입장

에서는 '어떤 문법으로 만들어졌구나'보다는 '어떤 배우가 어떤 걸 하는 얘기구나'라는 편이 더 받아들이기 쉽잖아요. 따라서 극영화는 어떤 시선을 가지고 세상을 봐야 하는지 명백하게 증명하지 못해요. 그런데 다큐멘터리는 그것을 증명하지 않고서는 하고 싶은 이야기를 만들어갈 수 없어요. 결국 다큐멘터리는 영화가 어떤 시선을 가져가야 하는가를 제대로 보여주는 작업이라고 할 수 있습니다.

흔히 다큐멘터리를 크게 세가지로 구분합니다. 설명적인 다큐멘터리와 다이렉트 시네마, 그리고 시네마 베리테가 그것이지요. 먼저 설명적인 다큐멘터리란 「인간극장」이나 「동물의 왕국」처럼 화면 속 캐릭터들은 극영화와 비슷하게 짜인 이야기 구조 안에 있고, 화면 밖의 내레이터가 실제 주인공처럼 기능하는 영화를 말합니다. 전세계의 초기 다큐멘터리가 대부분 이런 방식이었습니다.

그 예로 요리스 이벤스라는 네덜란드 기록영화 감독이 만든 「스페인 대지」라는 작품이 있습니다. 스페인 내전을 좌파 투쟁의 입장에서 그린 이 영화는 감독도 구성

작가도 굉장히 유명한데요. 우선 감독인 요리스 이벤스는 별명이 플라잉 더치맨(Flying Dutchman)이었어요. 전쟁이나 혁명이 일어나는 곳마다 그가 있었거든요. 하지만 이 감독보다 훨씬 유명한 사람이 이 작품의 구성작가였던 어니스트 헤밍웨이입니다. 헤밍웨이가 이 다큐멘터리의 각본을 바탕으로 쓴 소설이 『누구를 위하여 종은 울리나』였던 겁니다. 이처럼 설명적인 다큐멘터리는 정교한 각본을 바탕으로 만들어집니다.

그러다가 1960년대 들어 동시녹음이 가능해지고 카메라가 작아지면서 다이렉트 시네마라는 새로운 방식의 다큐멘터리가 만들어집니다. 아마도 여러분들이 본 다큐멘터리 가운데 상당수가 여기에 속할 겁니다. 「낮은 목소리」로 치면 1, 2편이 다이렉트 시네마죠. 여기서는 감독이 카메라에 담고자 하는 대상과 오랫동안 함께 지내면서 그들이 더이상 카메라를 낯설어하지 않게 되었을 때 그들의 모습을 담습니다. 이때 카메라는 단순히 옵서버 역할만 합니다. 스타크래프트에서 옵서버의 역할은 두개잖아요.

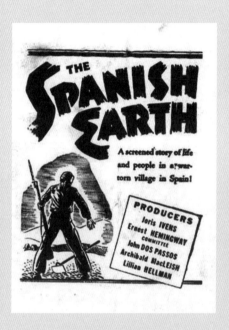

요리스 이벤스의 「스페인 대지」는 정교한 각본을 바탕으로 만들어진
설명적 다큐멘터리입니다.

이동시키거나 지켜보거나. 다이렉트 시네마에서는 카메라가 정확히 그 역할만 하는 겁니다. 어떤 개입도 없이 지켜보기만 하고 사람들은 그 안에서 움직이지요.

그러다가 새롭게 나온 방식이 바로 시네마 베리테입니다. 지금도 사용되는 방식인데, 여기서는 카메라가 개입하기 위해 존재합니다. 유명한 시네마 베리테 감독 중에 장뤼크 고다르라는 프랑스 영화감독이 있습니다. 이 사람 다큐멘터리 중에 마치 헬리콥터에서 찍은 것처럼 영화 시작과 동시에 헬리콥터 소리가 들리는 「콩크리트 작전」이라는 작품이 있어요. 그다음에 밀림처럼 보이는 숲이 보이고 내레이션이 나옵니다. "베트남의 인민들이 네이팜탄에 불타 비명을 지르는 소리가 들린다. 베트남은 이렇다. 이런 일이 있다." 그러면 관객들이 다들 '아, 베트남 얘기인가보다' 생각하는데 사실은 아니에요. 영화의 배경은 프랑스 파리의 어느 공원이에요. 그러면서 파리 시민들에게 마이크와 카메라를 들이대고 묻는 거예요. '당신은 베트남 전쟁에 대해 어떻게 생각하나요?' 그 시민은 베트남 전쟁과 상관이 없죠. 베트남 음식조차 먹어본 적 없는 사람일 거예요. 그런데 카메라가 갑자기 그 사람과 베트남 전쟁을 연결해버리는 거예요.

최근에 그런 방식을 잘 구현한 다큐멘터리로는 「공동정범」이라는 작품을 들 수 있습니다. 「공동정범」은 용산 참사를 다룬 「두개의 문」에 이은 두번째 작품입니다. 여기서는 용산 참사에서 사람을 죽게 한 혐의로 구속되었다가 석방된 5명의 공동정범을 따라갑니다. 사실 이 사람들은 만나서 가볍게 술이나 한잔하고 싶지도, 아예 만나고 싶지도 않은 사람들인데, 그들에게 갑자기 카메라를 들이대면서 묻는 거예요. '그날 무슨 일이 있었나?'

그런데 각자의 기억이 달라요. 그리고 자기를 제외한 다른 사람들을 다 너무 싫어해요. 원래 그런 것을 티 내는 사람들이 아닌데 갑자기 카메라가 들어오면서 흔들린 거예요. 상처가 드러나버린 거지요. 이런 개입을 하는 다큐멘터리가 시네마 베리테고 제 다큐멘터리 중에선 「낮은 목소리」의 마지막이었던 3편이 바로 그런 방식이에요.

「낮은 목소리」 3편은 피해자였던 할머니가 다른 할머니를 만나서 인터뷰하는 얘기예요. 그런데 애초에 그 할머니가 '영주야, 나는 다른 친구들을 만나 직접 인터뷰해서 우리의 역사를 쓰고 싶어'라고 생각할 리가 없잖아요. "오늘부터 6개월 동안 저랑 놀면서 다른 사람들에게 궁금한 게 무엇인지 정리하시면 돼요." 그래서 만들어진 거예요. 제가 디자인한 거지요. 제 생각에 피해자의 언어로 역사가 쓰이는 유일한 방식은 그게 아닐까 해서 할머니 한 분을 설득한 거예요. 그 할머니가 바로 작년 말에 방한한 트럼프 대통령을 와락 안아버렸던 그분입니다.

　자, 여기서 한 할머니가 다른 할머니를 만나서 물어보는 겁니다. 애초에 그럴 생각이 없었던 분인데 카메라로 인해서 그 일을 시작한 거예요. 저는 아직도 「낮은 목소리」 3편 가운데 가장 좋아하는 장면에 대해 질문을 받으면, 이 할머니가 처음으로 다른 할머니를 만나서 "언니, 나는 대만으로 끌려갔었는데 언니는 어디로 끌려갔어?"라고 말하는 장면을 꼽습니다. 다른 누가 그렇게 질문

다큐멘터리는 영화가 어떤 시선을 가져야 하는지 보여주는 작업입니다.

할 수 있을까? 우리는 언제나 제삼자로밖에 질문할 수 없는데 말이지요. 이렇게 이야기를 풀어내는 방식을 시네마 베리테라고 합니다.

독립영화를 볼 때 이런 구분을 유념하고 보면 어떤 것이 잘못 연출된 나쁜 작품이고, 어떤 것이 좋은 작품인지 구별할 수 있어요. 예를 들어 다이렉트 시네마처럼 찍었는데 전부 다 기획된 것 같다면 그건 나쁜 작품이지요. 마찬가지로 「낮은 목소리」 3편의 경우처럼 시네마 베리테인데 할머니가 카메라를 보면서, '나는 누구고 이런 생각이 들어서 다른 할머니를 만나기로 했다' 이런 식으로 시작하면 그건 가짜인 거지요.

이처럼 다큐멘터리는 형식이 굉장히 중요합니다. 제가 드리고 싶은 얘기의 핵심은 그거예요. 영화를 바라보는 또 하나의 재미있는 방식은 형식을 항시 염두에 두고 보라는 거예요.

저는 내용은 결코 형식과 떨어져 있는 것이 아니라고 생각해요. 그건 여러분이 글을 쓰는 것과 같아요. 내용은

신선한데 형식이 고리타분하다? 그런 건 존재하지 않아요. 형식이 고리타분하면 내용도 고리타분할 수밖에 없다고 생각해요.

한국 영화산업을 둘러싼
오해와 진실

김대중정부 이후 수많은 독립영화가 만들어지고 그
것들이 독립영화 전용관에서 상영되고 있지만 이 모든 과
정은 한국의 영화산업이라는 구조 안에 있습니다. 한국
영화산업만큼 많은 분들이 궁금해하고 오해하고 적개심
을 갖는 분야도 없을 겁니다.

대표적인 오해 가운데 하나는 한국 영화산업은 CJ나
롯데시네마의 독과점 때문에 망한다는 겁니다. '왜 동네
멀티플렉스에서는 「캐롤」 같은 영화는 안 틀어주고 별로
보고 싶지 않은 영화로 상영관을 도배할까?' 이런 생각들
하시잖아요.

그런데 전세계 어디를 가도 멀티플렉스에서 「캐롤」

같은 영화에 상영관을 몰아주는 나라는 없어요. 전세계에서 동시간대에 가장 다양한 영화가 상영되는 파리의 경우 멀티플렉스가 아니라 특정 지역에 몰려 있는 시네마테크에서 그런 영화를 틀어주는 거예요. 그만한 정부 지원이 있고, 또 사람들이 그 영화를 보기 위해 거기까지 간다는 거지요.

그렇다면 한국 영화산업은 뭐가 문제일까요? 독과점이 문제인 것도 맞습니다. 한편의 영화가 멀티플렉스 상영관을 지나치게 많이 차지하고 있어요. 하지만 그게 특정 회사만의 문제는 아니에요. 제가 너무 말도 안 된다고 생각한 건 「군함도」 논란이었어요. CJ에서 투자·배급한 영화고, CGV를 점유해서 틀고 있으니 CJ도 「군함도」도 나쁘다는 얘기가 있었어요. 실제로 「군함도」를 가장 많이 상영한 곳은 롯데시네마였는데 말이에요.

그렇다면 그건 어떤 의미일까요? 어떤 영화를 몇번 상영할지를 정하는 건 그 극장의 점장이에요. 지금 제일 잘나가는 영화가 A라고 해요. 그런데 만약 한 영화관의 점장이 'A가 가장 인기 있기는 하지만 영화관은 문화사업을 하는 곳이니 손해 보더라도 그거 몇 관 빼고 다른 영화 넣자' 이렇게 말하잖아요, 그럼 그 사람은 배임 혐의로 고소당할 수 있어요. 점장에게는 수익을 극대화해야 할 의무가 있거든요.

특정 배급사나 극장 체인 때문에 상영관 독과점 문제가 생기기도 하지만 사실 그것들을 관리할 어떤 원칙도 없다는 게 더 큰 문제입니다. 가령 하나의 멀티플렉스에서 하루에 특정 영화를 몇회 이상 상영하면 안 된다는 원칙만 있으면 돼요. 단순한 법률이고 국회 통과 안 해도 됩니다. 장관 시행령이나 대통령령으로 하면 되는 거예요.

최근에 제가 강연을 잘 안 하는 이유 중 하나인데, 우리는 항상 분노의 표적을 결정하잖아요. 뭔가 불공정하다고 느끼는 순간 그 불공정에 대해 연구하고 분석하지 않아요. 표적을 정하고 전진할 뿐이지요. 그러면 매번 누군가를 괴롭힐 수 있지만 어떤 것도 바꾸진 못해요.

저는 특정 기업 때문에 한국의 영화산업이 망한다고

특정 배급사나 극장 체인 때문에 상영관 독과점 문제가 생기기도 하지만
사실 그것들을 관리할 어떤 원칙도 없다는 게 더 큰 문제입니다.

몰아가는 것도 결국은 그런 일이라고 생각해요. 또다른 투자사의 어떤 영화가 「군함도」처럼 되겠지요. 이미 「신과 함께」 「1987」 같은 영화들이 「군함도」의 상영관 수를 넘겼어요. 상영관 독과점 문제가 나왔을 때 분노의 표적을 찾고 거기에 분풀이를 할 게 아니라 '독과점을 막으려면 어떻게 해야 하지?' '영화 한편에 대한 상영 횟수를 제한해야 되는 거 아니야?' 이렇게 이야기를 풀어갔다면 제대로 바뀌었겠지요.

영화계의 노동 문제,
어떻게 대응할 것인가

　이처럼 저는 요즘 사람들이 불공정에 대응하는 방식에 대해 많이 고민하는데, 비슷한 예로 최근 SNS에서 어느 영화평론가가 '한국의 시나리오 작가에겐 저작권이 없다'라는 논조로 쓴 글을 봤어요. 정말 무식하다고 생각했어요. 다른 건 몰라도 시나리오 작가에겐 저작권이 있어요. 한국은 시나리오 저작권을 어문저작권으로 강력하게 보호하고 있습니다.

　다만 유럽과는 저작권을 보호하는 방식이 조금 달라요. 대표적으로 프랑스는 저작권을 굉장히 중요시하는 나라입니다. 한편의 영화에 다양한 저작권자가 있어요. 감독, 시나리오 작가, 미술감독, 음악감독 등. 촬영감독도 저작권의 일부를 인정받아요. 제작자도 물론이고요. 그래서 프랑스 영화를 수입하기가 어려워요. 이 모든 저작권자에게 개별적으로 사인을 받아야 하기 때문이지요. 반면 미국은 계약을 한번에 끝낼 수 있도록 권한을 한 사람에게 양도합니다. 각각의 저작권자들은 그 계약에 입각해서 돈을 받는 거예요. 한국도 이런 경우예요. 시나리오 작가가 시나리오를 들고 해외에 직접 나가는 게 아니라 투자배급사에 권한을 양도하는 겁니다. 그리고 작가는 투자배급사와의 계약에 입각해서 저작권을 보호받습니다. 그러니까 그 영화평론가가 쓴 글은 완전히 틀린 거지요.

이렇게 영화산업과 관련해서 나쁜 이야기가 많이 돌기 때문에 영화 하려고 하는 사람들이 들어오기 전에 고민을 많이 한다고 하는데 현실은 절대 그렇지 않습니다. 저는 모든 산업에서 건강함의 첫째 조건은 노조라고 생각합니다. 그리고 독립영화계가 아닌 상업영화를 놓고 말하면, 영화산업에도 노조가 있습니다. 물론 생긴 지 얼마 안 됐지만요.

이제는 촬영장에서 기준근로시간보다 더 일해야 하는 경우가 생기면 단순히 연장근로수당을 청구하는 게 아니라 시간외근무를 할까 말까를 두고 스태프들이 회의를 합니다. 만약 못 한다고 결론이 나면 감독도 제작자도 일을 시킬 수 없어요. 그리고 영화가 만들어지는 기간 동안 모든 스태프들은 4대 보험과 최저임금을 보장받습니다. 일주일에 하루는 무조건 쉬어야 한다는 규정도 있어요. 물론 그 휴일을 꼭 일요일로 정하진 않아요. 촬영을 하다 보면 일요일에만 문을 열어주는 곳이 있잖아요. 그래서 영화 촬영 전에 쉬는 요일을 미리 정합니다. 영화 노동환경이 굉장히 좋아졌어요.

덧붙여 말씀드리면, 특별한 영화만 그런 것이 아니라 산업노조와의 단체협약상 모든 스태프들은 영화 촬영에 들어가기 전에 성폭력 예방교육을 받게 돼 있어요. 그런 면에서 노조가 없는 다른 곳의 환경과 비교하면 발전된 것은 분명합니다.

적절한 예인지는 모르겠지만 최근 연극계 미투 사건

과 과거의 영화감독 폭행 사건을 비교해볼게요. 영화 쪽
은 전국영화산업노조가 피해자를 대신해서 기자회견을
열어줍니다. 노조에서 고소도 해주고 변호사도 선임합니
다. 피해자가 제대로 보호받을 수 있어요. 하지만 지금의
미투는 피해자 혼자서 결심을 하고 지르는 거잖아요. 그
옆에서 그를 보호해주고 대변하는 공식적인 창구가 없지
요. 노조의 존재 여부가 이렇듯 큰 차이를 만듭니다.

세상을 바꾸는 연대
그리고 소통

우리 사회와 환경을 더 건강하게 바꾸는 건 결국 스스로를 '일개 무엇이다'라고 말하는 사람들이 아니라 '우리모두 훌륭한 일을 하는 사람들이니 함께 무언가를 만들어야 돼'라고 말하는 사람이라고 생각해요.

사실 감독 입장에서는 노조 생기고 영화 만들기가 더 어려워졌어요. '한 장면만 더 찍으면 되는데, 30분이면 되는데 그냥 찍자' 하던 시기와 '다섯 숏 정도 더 찍어야 되는데 결정해줄래?'라고 물어볼 때의 상황은 다르지요. 하지만 그렇게 하는 것을 규칙으로 정하는 순간, 이 환경에서는 어느 누구도 대의명분을 이유로 희생되지 않게 되는거지요. 저는 그래서 규칙이 중요하다고 생각해요.

하지만 방송의 경우에는 방송노조가 없어요. 물론 주요 방송국마다 노조가 있기는 하지만 대부분의 방송국 노조는 정직원들만 가입이 되기 때문에 작품별로 계약하는 비정규 계약직 노동자들은 여기에 해당되지 않습니다. 그러면 어떤 문제들이 생기지요? 방송 스태프들이 쉬지 않고 48시간씩 일한다는 얘기 들어보셨지요. 작가들은 어떤가요? 아마 우리나라 30대 여성들 중 글 쓰고 싶어하는 사람 가운데 상당수가 방송국에서 계약직, 비정규직 구성작가로 일하고 계실 거예요. 대개는 점심 도시락 배달이나 커피 심부름 같은 허드렛일도 같이 하지요. 작가로 계약했는데 어째서 그렇게 부당한 대우를 받아야 하나요? 그 이유는 내가 '일개' 계약직 구성작가이기 때문이 아니에요. 이토록 위대한 일을 하는 우리가 우리 조직을 만들지 못했기 때문입니다.

저는 자기를 일개 무엇이라고 말하는 사람을 믿지 않아요. '일개 건설노동자가 나라를 위해 할 수 있는 게 뭐가 있어'라는 말에는 '나는 아무것도 하지 않겠어'라는 마음이 숨어 있는 것이나 마찬가지이기 때문이지요. 자기를 일개 무엇이라고 표현하지 마세요. 우리는 모두 엄청난 능력을 가지고 있어요. 우리의 말 한마디가 사람을 죽이기도 하고 살리기도 해요. 생각해보세요. SNS에 한시간만 투자하면 누구 한 사람 띄우거나 매장시키는 건 일도 아니지요. 그렇게 우리 한 사람 한 사람이 엄청난 힘을 가지고 있다고 믿지 않으면 세상을 바꿀 수 없어요. 저는 그게 너무 기뻤어요. 제가 세상에서 가장 사랑하는 일이 영화 만드는 일인데, 그 현장에서 어느 누구도 영화 일 자체 때문에 맘 상하지 않을 수 있는 환경이 됐다는 사실이요.

물론 맘 상하겠죠. 일 못하면 저도 무섭게 따지거든요. 저는 정말 못되게 말해요. 예를 들어 연출부 한명이 중요한 문서를 안 들고 왔어요. 그럼 저는 '왜 안 들고 왔어?'라고 물어요. 연출부가 죄송하다고 하면, '죄송한 거 모르는 사람이 어디 있어. 왜 안 들고 왔니?'라고 대답을 들을 때까지 물어봅니다. 답을 듣기 전에는 그다음 일을 진행하지 않아요. 물론 화를 내지는 않습니다.

저는 이렇게 하는 게 서로를 위해서 아주 중요하다고 생각해요. 가령 이 친구가 건망증이 있어서 그냥 잊어버린 거라면 그렇다고 이 친구를 버려야 합니까? 아니지요. 그러면 어떻게 해야 할까요? 팀을 짜면 돼요. 이 친구에게 미리 연락해서 내용을 상기시켜줄 사람을 정하면 돼요. 그러면 그 친구는 건망증 때문에 사고 치는 사람이 아니라 미리 연락해줘야 하는 사람이 돼요. 그런데 건망증 때문에 잊어버린 게 아니라 그 문서의 중요성을 몰랐을 수도 있지요. 그렇다면 그 문서가 우리 영화에서 왜 중요한지를 이해시켜야 돼요. 또는 이 친구가 저 때문에 화가 나서 저를 골탕 먹이려고 그런 걸 수도 있잖아요. 그러면 풀어야죠.

왜라는 질문의 답에 따라 우리의 관계는 바뀌어요. 소통의 목적도 바뀌고. 저는 우리가 살면서 어려움을 겪는 이유 중 하나가 이런 식으로 끈질기게 소통하지 않기 때문이라고 생각해요. 우리는 언제나 대의명분이 중요하다고 생각하지요. '15분 뒤에 촬영이니까 기분 풀고 가시죠'

자기를 일개 무엇이라고 표현하지 마세요.
우리는 모두 엄청난 능력을 가지고 있어요.

하면 마음이 풀어지나요? 15분 뒤에 촬영 못 하면 어때요? '촬영 지연돼서 돈 많이 들면 제작자 문제지 내 문제인가?' 이러면서 버티면 되는 거예요. 그런데 우리는 언제나 그걸 못 해요. 그리고 뭉뚱그려서 '그래, 우리 다음부터 잘해보자' 그러면 다 좋은 거라고, 자기 소통능력이 꽤 괜찮다고 생각하지요. 그건 소통능력이 아니에요. 그건 군대에서나 가능한 거예요. 어차피 제대하니까 2년 동안 버티기 위해서 쓰는 말이 '잘해보자'인 거지, 인생을 살면서는 어떤 경우든 '앞으로 잘해' 가지고 안 돼요. 지금 잘 안 되는 이유가 뭔지 알아야지요.

영화,
내 안의 문장을
낚는 일

저는 영화 일을 하면서 내 문장을 만드는 게 중요하다고 생각합니다. 단어가 아니라 문장요. 누군가 제게 '너는 주로 무슨 일을 하니?'라고 물으면 저는 '어부예요'라고 대답해요. 창작자가 일상적으로 하는 일은 물고기를 낚는 것과 비슷합니다. 우리 앞에 큰 호수가 있어요. 거기에는 음악가, 화가, 소설가, 영화감독 등 많은 사람들이 만들어낸 물고기가 있죠. 한권의 소설이 있을 수도 있고, 소설 속 문장 하나만 둥둥 떠 있을 수도 있어요. 그 예로 저는 「미스 사이공」이란 뮤지컬이 너무 여성혐오적이고 정치적으로 문제가 많다고 생각해서 그 뮤지컬 자체는 좋아하지 않지만 거기에 쓰인 노래들은 정말 좋아합니다. 그러면 거기에 쓰인 노래들이 제 호수를 채우는 겁니다.

하지만 호수 속에는 제가 좋아하는 것들만 있는 게 아니라 살면서 영향을 받았던 여러가지 것들이 섞여 있습니다. 창작자는 일상적으로 그 안에 낚싯대를 들이대고 그것들을 낚는 겁니다. 여기서 중요한 건 뜰채 같은 걸로 한번에 여러개를 잡으려고 하면 안 된다는 거예요. 그냥 기다려야 해요. 2018년에 내 안에서 형성된 담론 가운데 지금 내게 화두가 되는 것 딱 하나를 잡는 거지요.

제 포부는 이거예요. 사람들이 제 영화를 보고 집에 가서 자기도 모르게 영화에 나온 적도 없는 어떤 문장을 떠올리는 거예요. 제가 정확히 표현하고자 했던 그 문장을요. 그러면 저는 '내가 엄청난 일을 해낸 건 아닐까' 하고 생각할 겁니다. 물론 저는 제가 성공했는지 실패했는지 알 수 없습니다. 관객의 집에 도청장치를 설치할 수는 없잖아요. 그냥 믿는 거예요. 내가 이번에 화두로 정했던 것을 영화 어딘가에 숨겨놨는데 관객들이 그걸 바로 알아채진 못하더라도 다음날 '혹시 이런 얘기였나?'라고 잠깐

창작자가 일상적으로 하는 일은 호수에서 물고기를 낚는 것과 비슷합니다.

이라도 생각한다면 그 얼마나 위대한 일인가, 그러면 저는 적어도 열흘 정도는 스스로 훌륭하다고 생각하고 지낼 수 있지요.

그런 생각의 근거가 된 건 그림 그리는 일을 거대한 벽을 뚫어내는 일에 빗댄 고흐의 말이었어요. 표현은 다를 수 있겠지만 그는 대략 이렇게 말했어요. '눈앞에 엄청나게 거대한 벽이 있다. 그걸 뚫고 지나가려면 한번에 부수는 대신 조그만 끌로 오랫동안 천천히 긁어내야 한다.' 저는 이 말을 성취라는 건 100미터를 18초 내에 끊는 것이 아니고, 한걸음 걷고 열걸음 뒤로 물러났다가 다시 두걸음 걷고 쉬고 하는 그 순간, 한 문장이 벽 바깥에서 우리를 반기지는 않지만 그 과정 안에서 한 글자씩 나타나게 되는 거라고 해석해요. 그리고 제가 생각하는 문장을 만들거나 영화를 만드는 방식이 제가 세상을 살아가고 변화시킬 수 있는 유일한 방법이라고 믿어요.

우리는 모두
특별하지 않다

대개 멋진 문장을 만나면 그 문장이 어디서 나온 누구의 말인지 기억하고 그 문장을 정확하게 외우려고 노력하잖아요. 하지만 저는 일부러 그걸 안 외워요. 그건 의미가 없다고 생각해요. 그 대신 그 말을 내가 왜 좋아하는지를 생각해요. 내가 왜 이 문장에 반했지? 내가 왜 이걸 계속 읽고 있지? 내가 왜 다시 찾아보고 있지? 그 이유를 계속 생각해요. 이유를 알게 되는 순간 그 문장이 제 입에서 조금 다르게 나와요. 저는 그 달라진 문장을 기억합니다. 그럼 그 말은 제가 한 말이 되는 것이지요.

그런 의미에서 제가 찾은 또다른 좋은 문장은 이겁니다. 이 말은 본래 문학에 대한 글을 많이 쓰는 CBS 정혜윤 피디의 책 『인생의 일요일들』에 나오는 문장인데요, 정혜윤 피디는 책에서 "왜 우리는 나의 열정, 나의 아픔, 나의 고민, 나의 설움, 나의 절망, 나의 피해, 나의 정체성이라고 이야기할까? 우리는 누구나, 세상은 나로부터 갈 수 없고 관계로부터 간다고 하면서 '요즘 어때?'라고 물으면 '난 이런 게 고민이야' '난 이런 문제로 힘들어'라고 자꾸 나에 관한 이야기를 할까? 왜 우리는 나와 너 사이에 존재하는 어떤 관계로부터 시작하지 않을까?"라고 얘기했어요.

이 문장을 제 식대로 해석하면 '우리에게 중요한 게 하나 있는데 그건 우리가 특별하지 않다는 것'이라는 말이 됩니다. 아이에게 '넌 정말 특별해' '넌 훌륭하단다' 이런 이야기를 많이 하라고 하잖아요. 전 그게 아이를 망친다고 생각해요. 내 아이는 특별하지 않아요. 동네에 흔한 꼬맹이 중 한명일 뿐이지요.

마찬가지로 저 역시도 특별하지 않습니다. 저는 1966년에 태어나서 뻔하게 살다가 건방지게 하고 싶은 일 한다고 50대까지 불안정하게 사는 아주 뻔한 사람이에요. 제가 살고 있는 아파트 단지의 모든 할머니, 할아버지 들이 저를 걱정해요. 어느날 윗동 할머니가 제 손을 잡으며 "쌀은 있어?" 그렇게 물으신 적도 있어요. 영화감독이라고 특별하지 않습니다. 누구나 그렇게 뻔하게 살아요. 특별한 사람은 없어요. 그런 의미에서 내가 존중받아야 할 유일한 이유는 내가 특별하기 때문이 아니라 다른 사람들만큼 뻔하기 때문이에요.

하지만 우리는 자꾸만 자기의 상처를 특별하게 생각하지요. 혹시 여러분들 중에 글쓰기가 직업인 분이 계시다면 동창회에서 그런 말 많이 듣지 않나요? "너 하는 일이 글 쓰는 거라고? 야, 그럼 내 얘기 소설로 한번 써봐라." 저도 그런 얘기 많이 들어요. 그런데 저는 어느 순간부터 그런 얘기 들으면 봉준호가 와도 그 얘긴 못 살린다고 말해요.

우리는 우리의 상처, 기억, 굴욕, 실패를 굉장히 특별하게 생각해요. 그런데 우리 모두가 살면서 상처를 받잖아요. 누군가는 여성이기 때문에 누군가는 가난하기 때문에 누군가는 못생겨서 상처를 받아요. 욕심이 많아서 생기는 상처도 있지요. 그럼에도 불구하고 개별의 상처는 절대로 특별하거나 다른 상처보다 우위에 있지 않아요.

제가 『화차』라는 책에 꽂혀서 그걸 영화로까지 만들었던 이유는 주인공인 쇼코의 삶이 너무나 불행했기 때문도, 그녀가 신용불량의 시대를 상징하기 때문도 아니었어요. 자기 삶을 너무나 특별하게 생각한 한 여자가 자기연민에 빠져서 괴물이 되었기 때문에 그 소설에 끌렸던 거예요. 자기연민에 빠지는 순간 우리는 괴물이 됩니다. 세상에서 자기가 가장 불행하기 때문에, 너무도 억울하고 분하니까 무슨 짓을 해도 괜찮다고 생각해요. 그런 생각을 하는 순간 놀랍게도 사람들은 자신을 불행하게 만든 원인을 찾거나 거기에 대항하는 데 열정을 쏟지 않아요.

『화차』가 좋았던 또다른 이유는 1990년대에 쓰인 20세기 소설임에도 불구하고 21세기적인 담론을 담고 있다는 거였어요. 1990년대 담론이라면 이런 거지요. 자기를 괴롭혔던 사람들을 찾아서 등에 칼을 꽂거나 배를 곯으면서도

내가 존중받아야 할 유일한 이유는 내가 특별하기 때문이 아니라
다른 사람들만큼 뻔하기 때문이에요.

악착같이 공부해서 판검사가 되어서는 그들을 응징하는 거예요. 하지만 쇼코는 자기처럼 불행한 또다른 누군가를 잡아먹는 길을 선택합니다. 저는 이것이 굉장히 21세기적이고, 한국적이라고 생각했어요.

세상에 어떤 편의점 주인도 건물주나 본사와 싸울 생각은 하지 않습니다. 그 대신 알바생을 괴롭히잖아요. 알바생과 연대해서 건물주와 싸우는 사람은 없어요. 서로 증오할 뿐이지요. 우리는 늘 우리 주변에서 다른 불행을 겪고 있는 사람이 내 불행의 이유라고 생각하지만 실은 그렇지 않잖아요. 그게 바로 영화 「화차」에 숨긴 제 얘기였던 거지요. '여러분, 자기의 불행이 특별하다고 생각하지 마세요. 우리는 곁에 있는 사람만큼만 불행해요. 더 불행하지 않아요. 그러니 나처럼 불행한 사람 잡아먹지 좀 마세요.' 저는 이런 이야기를 하고 싶었던 거예요.

그런 말은 오직 제 마음속에 있습니다. 배우나 스태프들에게도 말하지 않아요. 다만 필요할 경우 배우에게는 돌려서 이야기를 해요. 예를 들어 배우가 캐릭터에 완전히 몰입해서 자기가 너무 불쌍하다고 생각하는 순간, '아닙니다. 당신은 살인자입니다' 하면서 우회적으로 제 생각을 말하는 거지요. 이야기를 만든다는 것, 내 문장을 만든다는 건 바로 그런 거라고 생각합니다.

숙제와 쓰레기 속에서
빛나는 문장 찾기

창작자의 일이란 결국 낚싯대를 들이밀고 견디는 거예요. 몇주가 됐건 몇년이 됐건 뭔가 나올 때까지 계속 기다리는 겁니다. 그 기다림의 시간을 잘 버틴다는 게 제 장점입니다. 사고 싶은 걸 줄이고 또 줄여서 버티는 거지요. 그래도 아무것도 안 나오면 준비가 덜 된 거예요.

물론 2년에 한편씩 꾸준히 영화를 만드는 돌격형 인간들도 있어요. 고지를 향해 끊임없이 전진하는 사람들이지요. 저도 그분들처럼 해보려고 밖에서 시나리오도 받아봤지만 결국 잘 안 됐어요. 저는 마음속에서 어떤 문장 하나를 끄집어내지 못하면 어떤 이야기도 만들 수 없는 사람, 저만의 고지를 찾기 위해 버티는 사람이에요.

그러다가 정말 좋은 문장을 발견했는데, 그 문장을 쓴 사람의 삶을 인정할 수 없을 때는 고민이 생깁니다. 그 대표적인 예가 제가 어렸을 때 봤던 레니 리펜슈탈이라는 여성 감독의 다큐멘터리였어요. 이 무렵 봤던 다큐멘터리 중에는 히틀러 정권의 선전영화도 있었는데, 레니 리펜슈탈 감독 역시 히틀러가 정말 존경해 마지않았던 사람이었습니다. 제가 감동했던 작품은 1938년 베를린올림픽을 배경으로 한 「올림피아」라는 다큐멘터리였습니다.

영화 「올림피아」의 도입부는 게르만 신화예요. 젊은 페리클레스의 성화 채화 장면과 게르만 신화 분위기가 물씬 풍기는 고대유적지에서 춤추는 벌거벗은 여신들이 나오고, 성화를 봉송하는 근육질의 젊은 남자들이 깔깔 웃으면서 햇살이 비치는 숲길을 뛰는 거예요. 사운드도 없던 시절 흑백 무성영화인데도 색깔이 보이고 소리가 들리는 것 같아요. 이 사람들이 깔깔 웃으면서 아침을 먹어요. 마치 '젊은 게르만 신은 어떻게 탄생했는가?' 같은 시작이지요. 저는 이 영화를 보면서 컷 나누는 법을 배웠어요. 그

베를린올림픽을 배경으로 한 다큐멘터리 「올림피아」의 포스터.

런데 마음속엔 '이래도 되나?' 하는 고민이 깊어졌습니다. 히틀러 연설문으로 독일어를 공부하는 건 이상하잖아요.

이와 관련해서 사람은 성과를 낸 만큼 숙제와 쓰레기를 남긴다는 말이 있습니다. 성과와 숙제, 그리고 쓰레기가 동시에 존재하는 것이지요. 중요한 건 숙제와 쓰레기를 잊어버리면 안 된다는 겁니다. 우리는 끊임없이 내 호수 속에 있는 그 거지 같은 문장에 대해 의심해야 합니다. 혹시 이 빛나는 문장이 쓰레기는 아닐까? 이 빛나는 문장을 만든 사람은 우리 모두가 경멸해 마지않는 욕망으로 온몸이 감겨 있지 않았을까? 이렇게 끊임없이 의심해야만 그 문장을 먹을 수 있어요. 그러지 않고서는 그 문장을 이용해서 내 보석을 만들 수는 없습니다.

저는 제 영화의 오프닝이 김훈의 『칼의 노래』 첫 문장과 같기를 바랍니다. 임진왜란 당시 이순신 장군이 백의종군할 무렵부터 노량해전에서 전사하기까지를 다룬 이 책은 "버려진 섬마다 꽃이 피었다"라는 문장으로 시작합니다. "한개의 문장을 하나의 우주로 만들어보고 싶은 충

동에" 시달린다는 분의 문장답지요. 저 또한 이런 오프닝을 꿈꿉니다. 이토록 간결한, 영화로 따지면 세개 정도의 숏으로 구성된 짧은 장면을 보자마자 관객들이 '아, 무슨 얘기를 하겠구나' 하고 알게 할 수 있을까? 그럴 수 있어야 한다는 거지요.

창작 일을 하고자 하는 분이라면 호수에 있는 문장을 만든 사람을 다 경쟁자로 여겨야 한다고 생각해요. 저는 정말로 그런 질투가 많아요. 이 사람은 어쩌다 이런 걸 쓰게 됐을까 하고 질투하고 시샘합니다. 다만 성과물, 특히 영화에 대한 질투는 없어요. 죽이는 영화를 보면 너무 좋아요. 저는 영화감독이기 이전에 영화광이니까. 엄청난 영화를 만든 사람은 단 한번도 질투한 적이 없는데 엄청난 문장을 만든 사람은 질투를 해요. 그게 제 일이 아니니까. 제 일은 그 문장들을 섞어서 어떤 담론으로 제 영화를 만드는 것이니까요.

이를테면 제게 『칼의 노래』 첫 문장은 제 인생의 장기 미션 같은 거예요. 제가 영화를 더이상 못 하게 될 때, 아마 육십오에서 칠십세 정도 되면 더이상 영화 일은 못 하지 않을까 싶어요. 저는 영화판에 모여 있는 사람들 중에 제가 제일 발이 느린 사람이 될 때 일을 그만둬야 된다고 생각하거든요. 아무튼 그때 누군가 '감독님 그 영화의 오프닝은 딱 그 문장 같아요'라고 말해준다면 그 사람에게 제 전재산을 물려줘야겠다고 생각한 적도 있습니다. 물론 빚도 같이 물려줄 테지만요.

취향의 호수를
만들어라

오늘 특히 강조하고 싶은 이야기는 여러분의 낚싯대를 드리울 여러분만의 호수를 만들라는 겁니다. 그런 의미에서 저는 10대에게 너무나 큰 자유와 책임을 주는 교육에 반대합니다. '영화 만들고 싶으면 만들어, 뭐든 일단 만들어봐', 그런 식의 자유요. 자기만의 생각이라는 것을 가져보지 않은 아이들에게 어떻게 영화를 만들라고 하나요? 그건 진정한 자유가 아니라고 생각해요.

실제로 청소년 영화제에 나온 영화 대부분은 패러디라고 해도 무방할 정도예요. 모든 작품이 어떤 드라마나 영화의 어떤 것들로부터 기인하지요. 결국 하고 싶은 이야기도 다 똑같아요. 어떤 해에는 모두가 다문화가정 애기를 해요. 영화인이 되고 싶은 전국의 모든 고등학생들을 대상으로 진행한 영화제인데 그중 3분의 2 정도가 모두 다문화가정 얘기를 한다면 이상하죠. 그러고 또 어느 해는 다 같이 학교폭력 이야기를 합니다. 결국 소재를 만들고 이야기를 구성함에 있어서도 아이들은 자기도 모르게 어떤 틀 안에 갇혀 있다는 거지요.

사람들은 저마다 자신만의 취향이 있다고 이야기합니다. 그런데 정말 취향이란 게 있나요? 대체 취향이란 건 뭘까요? 취향은 호수에 물고기가 많을 때나 가능한 거예요. 그게 무슨 뜻이냐? 예를 들어 전주에 맛있는 음식을 먹으러 갔는데 거기서 전주 음식 백여가지를 내놓고는 그중 여러분의 취향을 고르라고 해요. 그 음식 중 몇개는 먹어봐서 맛도 아는데 나머지 대부분이 전혀 모르는 음식이에요. 그러면 어떻게 하나요? 그중에서 내 취향을 찾아내는 방법은 전부 다 먹어보는 것밖에 없지요.

문화 취향도 마찬가지예요. 제가 맨날 하는 부끄러운 이야기인데, 예전에 「낮은 목소리」 2편이 개봉했을 때 정말 감사하게도 임권택 감독님께서 사모님하고 영화를 보러 오신 적이 있어요. 그때 임권택 감독님께서 본인이 술을 사시겠다고 삼각지에 있는 곱창집에 저를 데리고 가셨어요. 그런데 제가 처음 만나는 사람을 약간 어려워해요. 얼굴은 벌게지고 끊임없이 땀이 나는 와중에 고체로 된 건 아무것도 못 먹고 소주만 들이켜는 상황이었어요. 그러니까 임권택 감독님께서 우스갯소리로 "변 감독 생각보다 되게 재미없네"라고 하셨는데, 저는 마음속으로 '저 아주 재밌는 인간이에요'라고 생각하면서도 겉으로는 티를 못 내고 있는 상황이었지요. 그런데 감독님께서 제게 국악 좋아하냐고 물으시는 거예요. 그래서 제가 국악은 안 좋아한다고 대답하니까 "변 감독 심지어 게으르네" 그러시는 거예요. 속으로 '뭐 이런 할아버지가 다 있지?' 그랬어요. 저는 제가 게으르지 않다고 생각했거든요.

하지만 한마디도 못하고 네네 하다가 집에 왔는데 너무 화가 나고 분한 거예요. 그래서 다음날부터 국악만 들었어요. 그때는 그게 임권택 감독님께 복수할 수 있는 유일한 방법이라고 생각했거든요. 언젠가 임권택 감독님을 다시 만났을 때 이건 이래서 싫고, 저건 저래서 싫다고 말해주리라 다짐하고는 몇달 동안 국악만 들었어요. 그러면서 KBS에서 하는 국악 방송을 아침 프로그램, 저녁 프로그램 할 것 없이 전부 다 찾아듣고 깨달았어요. '나는 꽹과리가 싫다. 내 감정보다 먼저 가는 것이 싫다.' 꽹과리가 싫은 이유를 안 거예요. 저는 창도 싫어해요. 무슨 얘기를 하는 건지 알기도 전에 먼저 울면서 덤비는 게 싫어요. 소통하려는 태도가 안 돼 있는 것 같다는 생각이 드는 거지요. 꽹과리가 그런 거예요. 저는 하나도 기쁘지 않은데, 이미 혼자 앙앙거리고 있는 거예요. 그리고 놀랍게도 제가 가야금산조를 아주 좋아한다는 걸 깨달았어요.

맞아요. 저는 게을렀던 거예요. 제가 국악을 싫어한다고 말했을 때는 '대표적으로 국악이라고 하는 걸 들었을 때 기분이 별로 안 좋았기에 그냥 싫다'였는데, 계속해서 국악을 듣다보니 국악을 왜 싫다고 했는지 그 이유도 알게 됐고, 감정을 처음부터 동요시키지 않는 것들은 좋아한다는 사실도 깨달았지요. 취향이라는 건 바로 그때 결정되는 거예요.

많은 분들이 요즘 10대들을 두고 대한민국 역사상 가장 자유롭게 자란 세대라고 하면서 실제로는 아이들을 노예처럼 학원에 밀어넣고 있잖아요. 그 친구들에게 음악 취향이 있냐고 물으면 다들 있다고 대답해요. 그런데 그 취향이란 게 다 비슷해요. 놀랍지 않습니까? 모두의 취향이 같다는 건? 글을 쓴다는 것, 그림을 그린다는 것, 사진을 찍는다는 것, 작곡을 한다는 것 등등 창작이라는 건 다 똑같아요. 호수에 물고기가 많아야 해요. 여러분이 작곡가가 되고 싶다면 누구보다도 다양한 종류의 음악을 많이 들어야 해요. 화가가 되고 싶다면 어느 누구보다 많은 그림을 봐야 하죠. 영화감독이 되고 싶다면 그 누구보다 영화를 많이 봐야 합니다.

그런데 영화감독이 되려면 영화만 많이 봐서는 안 돼요. 소설도 많이 읽어야 되고, 그림도 많이 봐야 돼요. 영화는 복제예술이니까. 앞의 이야기로 돌아가서 만약 어떤

창작자의 호수에는 물고기가 많아야 합니다.
그러려면 누구보다 많은 창작물을 봐야지요.

분이 자기는 공포영화가 싫다고 한다면 한 3일 동안 공포영화만 보는 거예요. 그러면 내가 왜 공포영화를 싫어하는지 알게 돼요. 단순히 무서워서 싫은 건 없어요. 살면서 얼마나 무서운 게 많습니까. 그중 어떤 게 무서워서 싫다는 게 분명히 있죠. 그렇게 부지런히 보다보면 그중에 내가 좋아하는 공포영화가 나와요. 그게 취향인 거예요. 공포영화가 싫은 건 취향이 아니에요. 난 공포영화 중에서 이런 건 좋지만 이런 건 싫어, 이게 취향이에요.

그런 의미에서 창작자가 되고 싶다면 우선 폭식부터 해야 해요. 죽어라고 먹는 거지요. 호수에 낚싯대를 들이대서 오늘 잡힌 물고기를 전부 먹어치우는 거예요. 계속 먹어치우다보면 그 물고기들이 위장 안에서 하나의 문장을 만드는데 그게 바로 내 이야기가 되는 겁니다.

여성성,
세상 모든 약한 것과의
연대

제가 정말 좋아하는 또 하나의 문장은 이것입니다. "여성적인 것은 세상 모든 약한 것들과의 연대이다." 언젠가 제가 어떤 분께 여성성이 무엇이냐고 질문했을 때 받은 답이에요. 20대 때 정말 미치도록 좋아했던 말이었지요.

여성분들 그런 생각 한번씩은 하잖아요. 정말 죽도록 힘들다. 군대 가는 한이 있더라도 남자로 태어났어야 했는데… 이럴 때가 있단 말입니다. 저는 처음 영화를 시작할 때 그런 생각을 많이 했어요. 그때 이 문장을 보고 미치는 줄 알았어요. 아, 이런 것이구나! 여성적이란 건 세상 모든 약한 것과의 연대구나! 그 순간 '여성적'(feminine)이란 '여성주의적'(feministic)인 것이 아니라 단지 여성으로 태어났다는 이유만으로 남성보다 약한 것들을 더 많이 보고 더 많이 신경 쓰게 된다는 의미임을 깨닫게 된 거지요.

저는 이 세상 대부분의 동물을 싫어해요. 어렸을 때 무슨 일이 있었나봐요. 특히 저는 설치류를 많이 무서워해서 그걸로 소문까지 난 사람이에요. 제가 설치류를 얼마나 싫어하냐면 고등학교 학기말 시험 때 교실에 쥐가 한마리 들어왔는데 그 쥐 때문에 시험지에 이름만 쓰고 바로 나가버렸을 정도예요. 점수는 당연히 0점이었죠. 그래도 안 혼났어요. 선생님께도 부모님께도. 어른들이 제 시험점수를 보시고 "이게 뭐냐?" 하시기에 "쥐가 들어왔어요"라고 말씀드렸더니 "아, 그래? 그래도 고맙다. 집에 들어와줘서" 하셨을 정도예요. 제가 봤던 공포영화 중 최고는 요리사를 꿈꾸는 쥐가 주인공인 애니메이션 영화 「라따뚜이」였어요. 그 정도로 쥐를 싫어하고 무서워해요. 다른 동물들도 비슷하고요.

원래 「화차」 시나리오에서 남자 주인공 직업이 의사였어요. 제 아버지와 언니가 의사이기 때문에 잘 아는 직업이라 주인공의 성격을 풀어내기 좋을 거라고 생각했지요. 그런데 그 부분에 대한 문제제기가 들어왔어요. 남자 주인공이 의사면 왠지 그것 때문에 그 사람을 이용하는 것 같다. 직업을 바꾸자. 뭘로 바꿀까 하다가 수의사가 된 거예요. 전 정말 수의사를 잘 몰라요. 모르는 건 둘째 치고 동물병원에 가본 적도 없죠. 취재 때부터 너무 힘들었어요. 동물병원에 가는 것도 힘들었어요. 동물들을 만져본 적도 없고 너무 모르는 거예요.

그래서 제가 선택한 방법은 제가 할 수 있는 최대한의 예의를 다하는 거예요. 예를 들어 동물이 죽는 장면은 대개 그 동물들을 마취한 뒤에 찍어요. 그런데 저는 멀쩡한 동물을 촬영하겠다고 마취하고 그러면 안 될 거 같은 거예요. 내가 싫어하는 애들이기 때문에, 잘 모르는 피조물이니까. 그래서 카라(KARA)라는 동물보호단체에 가서 어차피 마취해야 하는 동물들, 그러니까 지금 수술받아야 되는 동물하고 치석 제거해야 되는 동물들을 섭외해서 모든 치료를 마친 다음에 마취가 풀리지 않은 상태를 찍었어요. 그래서 그 동물보호단체의 분들이 처음에는 제가 동물을 정말 좋아한다고 생각하셨대요. 그러다 나중에 동물병원에서 촬영할 때 제가 개들 피해서 구석에서 모니터 보는 걸 보고 좋아하는 게 아니라 무서워한다는 사실을 알게 됐지요.

결국 제가 생각하는 약한 것들과의 연대란 어떤 대상에 대해 잘 모를 때는 내가 하는 모든 행동이 위험하다고 생각하는 것입니다. 그것이 제가 "여성적인 것은 세상 모든 약한 것들과의 연대이다"라는 문장을 통해 배운 제 삶의 지표였어요. 이건 내가 모르는 거야, 겪어본 적이 없는 거야, 그러면 굳이 친해지려고 하기보다 더 어려워하면 돼요. 모르는 사람과 친해질 수 없잖아요. 살면서 한번도 이해해본 적이 없거나 잘 모르는 상황이 발생하면 가까이 가거나 해석하거나 판단을 내리거나 옆에 서서 '나도 같은 마음이야'라고 하는 게 아니라 어려워해야 해요. 그에 대해서 적어도 세발짝 정도는 다가갈 수 있을 정도로 알게 되기 전까진 최대한 조심하고 어려워하는 거지요.

약한 것들과의 연대란 잘 모르는 대상에게 하는
모든 행동이 위험하다고 생각하는 것입니다.

우리가 살면서 하는 실수의 대부분은 모르는 것을 어려워하지 않아서 생깁니다. 아, 이 정도는 알 만한 거니까, 지금 당장은 몰라도 살면서 이해할 수 있는 거니까, 그렇게 생각해요. 저는 그러면 안 된다고 생각해요. 그래서 「화차」 찍을 때 그런 식으로 했던 거예요. 수술 장면도 진짜 수술해야 되는 동물을 찍었어요. 그렇게 했던 건 제가 훌륭한 사람이거나 동물권에 대한 신념이 투철해서가 아니라 제게 동물은 잘 모르는 존재였기 때문이에요. 만약 마취할 이유가 없는 동물을 마취했다가 죽으면 어떻게 해요? 그러면 저는 싫어하고 무서워하는 그 존재에 죄책감까지 느껴야 하는 거잖아요. 모르는 존재에게 미안함을 느껴도 제가 어떻게 할 방법이 없잖아요. 그러니까 최대한 어렵게 대하는 거지요.

"여성적인 것은 모든 약한 것들과의 연대"라는 말을 저는 이렇게 해석했지만 누군가는 다르게 해석하겠지요. 그게 호수에서 낚시하는 방식인 거예요. 제게는 그 문장이 걸렸지만 모든 사람이 그 문장을 낚는 것도 아니고, 같은 문장을 낚았다 하더라도 그 문장을 똑같이 받아들이는 것도 아니에요. 저는 그렇게 받아먹은 거고 다른 누군가는 다르게 받아먹겠지요. 중요한 건 잘 받아먹고 자기 것으로 만들면 된다는 겁니다.

함께 가는 서사의 힘,
더 나은 세상을 위하여

받아먹기 좋은 문장이 저는 문학, 그중에서도 소설이라고 생각해요. 개인적인 경험을 말씀드리면 제 아버지는 고향이 평안북도인데 중학생 때 식구들 몇명과 남쪽으로 내려오셨어요. 그리고 얼마 후에 아버지가 제주도에 강제로 끌려가게 됐어요. 서북청년단으로요. 그런데 출발 전날 설사병이 너무 심하게 나서 못 갔어요. 저는 아버지의 인생이 거기서 완전히 갈렸다고 생각해요. 아버지가 그때 제주도에 가서 4·3항쟁을 겪었다면 지금과는 전혀 다른 사람이 됐겠지요.

그 대신 아버지는 한국전쟁 때 후방에서 위생병 일을 하다가 결국 굉장히 보수적인 사람이 됐어요. 저 대학 다

닐 땐 제가 학생운동 하는 걸 끔찍하게 싫어하셔서 어느 날 제 방에 들어와 빨갱이 책으로 보이는 모든 걸 마당에서 불태우기도 하셨어요. 그때 저는 너무 화가 나서 다음 날 아버지 방에 있는 책을 다 태워버렸어요. 마당의 잔디는 전부 쓰레기가 됐고 엄마는 울고, 뭐 그런 사이였지요. 아버지는 재작년까지 조선일보를 정기구독한 분이신데 혹여 제가 아침에 먼저 신문을 보면 무식한 전염병 옮는다고 그 신문을 버릴 만큼 저를 미워하셨어요. 저도 평생 아버지와 친해질 일은 절대 없을 거라고 생각하면서 살았지요.

그러던 어느날 제가 박완서 선생님의 『그 남자네 집』이라는 소설을 읽다가 저도 모르게 엉엉 울었어요. 그 책에서 아버지의 청춘을 본 거예요. 제게 청춘은 세상에 복무함으로써 아름다워질 수 있다고 믿었던 시절인데, 아버지의 청춘은 '아, 다행이다. 나 대신 저놈이 죽었네' 하던 시절인 거예요. 그 순간 아버지를 알 것만 같았어요. 그래서 다음날 밤에 잠든 아버지를 깨워서 나는 이제 아버지를 알 것 같다고 말했어요. 그러고 그뒤로 점점 친해졌어요.

여전히 아버지는 자유한국당을 지지하지만 적어도 아버지 친구들이 "네 막내가 빨갱이냐?" 하면, "약간 좌파적이긴 한데 빨갱이랑은 다르고 종북하고는 아주 다르다. 니들도 공부해야 돼" 이 정도까진 온 거지요. 제가 이 정도까지 아버지와 손을 잡게 된 건 전부 박완서 선생님 소설 때문이었어요.

문학은 내가 경험해보지 못한 상황으로 나를 밀어넣는 역할을 합니다. 내가 직접 겪지는 않았지만 그런 일을 겪은 사람을 보는 거지요. 저는 엥겔스의 『가족, 사유재산, 국가의 기원』보다 박완서 선생의 『휘청거리는 오후』가 훨씬 훌륭하다고 말하고 다닙니다. 그 소설을 보면 제 선배나 어머니 세대에 대해 알 것만 같거든요. 그게 문학, 소설의 힘이라고 생각해요. 시는 하지 못하는, 이야기를 가진 문학만이 가진 힘이라고 생각합니다. 미처 겪어보진 못한 상황 속으로 나를 집어넣는 힘요.

비슷한 예로 장기수에 대한 저의 첫번째 기억은 뉴스

기사도 아니고 그분들을 만났던 날도 아닙니다. 공지영 작가의 『인간에 대한 예의』라는 짧은 단편소설입니다. 이 소설을 보면 장기수였던 권오규라는 인물이 같이 살던 동생 내외가 외출하고 한나절 동안 방 안에 갇혀 있었다는 이야기가 나와요. 화장실에 가고 싶은데도 방문을 스스로 열 수 있다는 걸 잊어버려서 방에서 나가지 못한 거지요. 그게 너무 인상 깊어서 그후에 어떤 장기수 할아버지를 만나 인터뷰 같은 걸 할 기회가 생겼을 때 일부러 밖으로 나가지 않고 내내 할아버지 곁에 있었어요. 혹시라도 제가 자리를 비웠을 때 화장실에 가고 싶으실까봐. 그랬더니 그분이 왜 그러냐고 물으시더라고요. 그래서 "선생님, 화장실 가기 어렵지 않으세요?" 했더니, 갈 줄 안다고 자기 바보 아니라고 하셨던 기억이 있어요.

소설이라는 건, 이야기 구조라는 건 끊임없이 어떤 상황 속에 독자를 밀어넣어서 체험하게 하지요. 여기서 좋은 건 독자들이 소설 주인공들처럼 되는 게 아니라 그렇게 사는 사람들을 지켜보는 목격자가 된다는 겁니다. 그게 바로 소설의 힘이라고 생각해요.

소설의 힘을 보여주는 또다른 예로 얼마 전에 황석영 선생님의 자서전 『수인』의 북콘서트에 참석한 적이 있어요. 그 행사 마지막에 할머니 한분이 손을 드시고는 당신께서 20대 때 공장에 일하러 가면서 신도림역에서 열차를 갈아탈 때마다 지하철역 책방에 들러 『장길산』 신간이 나왔는지 확인했다고 하시더라고요. 여성 노동자로 살면서 유일하게 행복했던 시간이 『장길산』 신간을 읽는 시간이었다면서요. 그러고는 이렇게 말씀하셨어요. "그런 사람으로서 작가님께 묻고 싶다. 나도 늙고 작가님도 늙었는데 우리에게 죽음이란 뭘까요?"

그 질문을 듣는 순간 저도 모르게 울컥했어요. 그리고 그때 느낀 두가지 감정 가운데 하나는 의아함이었어요. 우리가 황석영 선생의 작품에 대해 이야기할 때 가장 먼저 『장길산』을 이야기하지는 않잖아요. 황석영 소설 중 뭐가 제일 좋냐고 물을 때 『장길산』이라고 대답하는 사람이 많을까요? 저는 아닐 거 같아요. 황석영 선생님 하면 『삼

포 가는 길』이나『무기의 그늘』, 그것도 아니면『오래된 정원』을 꼽지 않을까요?『장길산』은 왠지 정비석『삼국지』 같은 느낌을 준단 말이에요. 하지만『장길산』이 황석영 선생을 국민작가 반열에 올린 가장 대중적인 작품이었던 것만은 분명하지요. 이때 대중적이라는 말은 그 작품이 자신의 청춘과 연동되는 사람들이 많다는 거예요.

저는 북콘서트 다음날『장길산』을 사서 읽었어요. '왜 내 주위엔 이 책을 가지고 있는 사람이 없나, 돈도 없는데 이 책을 사야 하나?' 투덜거리면서 다시 읽는데 재밌어요. 그리고 그때부터『장길산』이 황석영의『장길산』이 아닌 거예요. 첫 문장부터 저는 황석영 선생의 그 글을 신도림역을 지나던 젊은 시절의 그 할머니와 함께 읽고 있는 거예요. 계속 그분이 떠올랐어요. 그래서인지 어느 순간부터는 예전에 읽었던 것보다 훨씬 재미있게 느껴졌어요. 어디선가 덜컹덜컹 전철 소리도 나는 것 같고, 저 혼자 이런저런 상상도 했어요. 제 기억 속 어떤 공장의 점심시간을 상상해내서『장길산』을 읽는 거지요.

문학은 내가 경험해보지 못한 상황으로 나를 밀어넣는 역할을 합니다.

그래서 세상에 버릴 문학은 없다는 겁니다. 내가 좋아했던 것이든 내게 감동을 주었던 것이든, 내 인생에 그리 중요하지 않은 것이라도 절대 호수에서 빼놓지 마세요. 한마리씩 낚지 않고 뜰채 같은 것으로 건지면 중요하지 않은 것 몇마리는 버리게 돼요. 하지만 그것들을 버리지 말고 모아두면 언젠가는 글을 쓰거나 다른 무언가를 만드는 데 도움이 될 것입니다.

저는 지금 저 자신이 20~30대 때의 저보다 훨씬 좋은 사람이라고 생각해요. 주변 사람들이 증명해줄 수 있어요. 변영주란 사람이 인간적으로 가장 괜찮은 시점은 오늘이고, 오늘보다는 내일 더 괜찮을 거예요. 그 이유는 문학 때문이에요. 어제 읽은 책의 어떤 부분 때문에 오늘의 내가 조금 더 조심하며 살기로 결심하고, 오늘 읽은 책 때문에 내일 좀더 좋은 사람이 될 거거든요.

제가 만드는 영화가 세상을 더 좋아지게 만들지는 모르겠지만 적어도 제 영화를 본 사람들이 세상을 좀더 좋게 만들 수는 있을 거라고 생각해요. 그건 아주 다른 거거

제가 만드는 영화가 세상을 더 좋아지게 만들지는 모르겠지만
적어도 제 영화를 본 사람들이 세상을 좀더 좋게 만들 수는 있을 거라고 생각해요.

든요. 제 영화는 그런 일을 할 힘이 없지만, 제가 제 호수 안에 있던 어떤 물고기를 잡아먹고 만들어낸 한 문장 하나가 여러분들께 세상과 싸우겠다고 결심할 마음의 휴식 공간을 제공할 수 있다고 믿어요. 그러면 저 스스로는 칭찬받아 마땅하다고 생각합니다. 그리고 점점 더 많은 분들이 자신만의 호수를 가졌으면 좋겠습니다.

묻고
답하기

저는 글 쓰고 연극하는 사람입니다.
오늘 강연을 듣고 연극 노조가 꼭 필요하다는 생각을 했습니다.
이 부분에 대해서 한 말씀 해주시면 좋겠습니다.

노조 관련해서 말씀드리자면 사실 제가 잘난 척을 한
거예요. 연극 쪽은 노조 만들기가 어렵지요. 왜냐하면 돈
이 없기 때문이에요. 노조를 만들려면 돈이 있어야 해요.
영화에 노조가 생긴 건 영화산업이 발전해서 천만 관객
영화도 나오고 영화 쪽에 돈이 많이 몰렸기 때문에 가능
했던 거예요.

우리나라에서 공연되는 대부분의 연극은 국가에서
제작비를 줍니다. 대본이 나오면 그걸 심사해서 선정을
하지요. 선정되는 사람만이 연극을 할 수 있어요. 그래서
블랙리스트 만들기가 쉬웠어요. 블랙리스트 관련해서 제
가 들었던 증언 가운데 제일 서글펐던 게 이 얘기였어요.

어떤 분 선배가 블랙리스트에 올라서 제작비 심사에서 떨어졌대요. 그런데 그걸 둘러싸고 말이 많으니까 그 선배가 자기에게 본인 대신 국가 지원을 받겠냐고 물은 거지요. 이 사람도 원래 떨어졌던지라 마음속에선 '미쳤어. 그걸 내가 왜 받아요?' 싶었지만 결국 받았대요. 그걸 받으면 그해는 연극을 할 수 있으니까.

이렇게 연극계는 환경이 너무도 어렵기 때문에 이윤택 같은 괴물이 오랫동안 군림할 수 있었던 거지요. 현실적인 문제 때문에 노조를 만들기 어려운 경우에는 길드 형태나 다른 방법이 있을 거라고 생각해요.

또 문제가 생겼을 때는 외부기관의 도움을 받는 것도 좋습니다. 일례로 우리나라에 한국성폭력상담소라고 있어요. 별것 아닌 것처럼 보이지만 1980년대 말부터 많은 여성운동가들이 군사독재에 저항하고 감옥에 끌려가면서 만든 단체예요. 1980년대에는 성폭력상담소도 좌경단체였기 때문에 성폭력상담소를 만들었다는 이유만으로 잡혀가기도 하고 탄압을 받았거든요. 그럼에도 불구하고 성폭력 피해자들의 손을 잡기 위해 만들어진 그 조직이 지금도 여전히 있습니다. 성추행이나 성폭력 피해를 입었을 때 노조의 도움을 받기 어렵다면 우선 이곳에 도움을 요청하면 됩니다.

우리나라 영화계에는 두종류의 감독 단체가 있습니다. 하나는 한국영화감독협회인데요. 대체로 대종상영화제 관련자들이나 지금은 영화 안 하고 다른 활동하시는 원로분들이 여기에 속해 있습니다. 실질적으로 영화를 만드는 현업 감독들이 속해 있는 곳이 한국영화감독조합이에요. 저는 한국영화감독조합에 속해 있습니다. 감독들을 대리해서 계약을 맺거나 법적 상담 또는 분쟁 조정 같은 걸 해주는 곳인데, 이 단체의 주요 업무 중 하나가 매 총회 오프닝에 성폭력 관련 교육을 하는 거예요. 저는 그런 것들이 아주 중요하다고 생각해요. 제가 사랑하는 영화 현장이 모두가 사랑할 수 있는 현장이 되어야 마땅하다고 생각하기 때문이지요.

성추행과 관련된 몇몇 사건의 공동대책위원회의 조

직을 살펴보면 한국영화감독조합이 여기에 속해 있는 경우가 많아요. 동료 감독의 일인데도 말이에요. 저는 그게 우리의 의무라고 생각해요. 질문자께서 그런 모임들, 예를 들어 연극인 조합을 만든다면 도움을 줄 단체들이 생각보다 많다는 사실을 꼭 아셨으면 좋겠어요.

심각한 피해를 입거나 이성을 잃을 정도로 화가 나면 자기 옆에 아무도 없다고 생각하기 쉬워요. 그런데 있어요. 여러분 곁에 여러분의 손을 잡으려고 준비하고 있는 사람이 생각보다 많습니다. '왜 아무도 나를 도와주지 않지?' 그러면서 절망하는 대신 도움을 받을 만한 곳이 어디 있는지 찾아보세요. 당장 인터넷으로 검색만 해봐도 몇 개는 금방 발견할 수 있을 거예요. 당장은 막막한 것 같아도 우리가 할 수 있는 일이 생각보다 많습니다.

Q

저는 영화감독이 되고 싶은 고등학생입니다. 영화계에서 여성이라 차별받는 부분이 있다면 그 부분에 대해 미리 알고 대처 방안을 마련하고 싶어요. 그런 사례를 말씀해주실 수 있으신지요.

본론부터 말씀드리자면 차별에 미리 대처하는 방법은 없습니다. 미리 대처할 수 있는 일이라면 한국사회 전체가 바뀌었겠지요. 저는 한국에서 여성 감독으로 일하는 게 얼마나 힘드냐 하는 질문을 받을 때마다 같은 대답을 해요. 한국에서 전업주부로 사는 것만큼, 회사의 노동자로 사는 것만큼, 백수로 사는 것만큼, 학생으로 사는 것만큼 힘들다. 더 힘든 건 없어요. 똑같이 힘든 거지요.

다른 분야와 비교해보면 영화계가 환경적으로 더 나은 측면도 있어요. 방송 쪽과 비교해봐도 영화 쪽이 여성이 일하기에 조금 더 안전하고 평등한 곳이라고 생각합니다. 아까도 말했듯이 촬영 전에 성폭력 예방교육이나 성평

등 교육을 하도록 제도화되어 있기도 하지요. 한국사회 전체를 봤을 때는 아직 많이 부족하지만, 그래도 많이 나아진 것은 선배들의 노력이 있었기 때문이지요. 서울국제여성영화제나 여성영화인모임 등 선배들이 만들어놓은 여러 장치들을 통해 앞으로는 더 좋아질 것이라고 생각해요.

또 여성 감독의 수가 적은 것 같지만 범위를 독립영화까지 넓혀서 본다면 적지 않아요. 예를 들어 작년에 영화제에서 단편영화로 상을 받았던 감독의 수를 따져보면 여성이 훨씬 많을 거예요. 앞으로 그 친구들이 상업영화계에 안착해서 자기 영화를 만들어갈 것이냐가 또다른 고민이겠지요.

저는 꽤 오랫동안 독립영화를 만들다가 어느정도 알려진 후에 상업영화로 넘어온 경우라 충무로에서는 스태프 생활을 안 했어요. 그래서 다른 여성 감독들보다는 불평등한 환경을 적게 경험했습니다. 그래서 이 부분에 대해 말씀드리기 조심스러운 면도 있습니다.

제 경험을 말씀드리자면 영화의 경우 관객과의 대화

라는 걸 하잖아요. 대개는 압구정 CGV에서 그런 행사를 많이 진행합니다. 거기에 다양성 영화 상영관이 있어서요. 행사가 끝나면 으레 길 건너편 큰 건물 1층에 있는 일식 주점에서 뒤풀이를 하는데요, 제가 언젠가 거기 화장실 사진을 찍어놓은 적이 있어요. 여자 화장실이 총 세칸 있는데 문이며 벽이며 할 것 없이 전부 작은 구멍으로 뒤덮여 있었거든요. 마치 설치미술가가 일부러 만들어놓은 것 같은, 가히 '몰카'의 심볼이라 할 만한 구멍들이 잔뜩 있었습니다. 그중에는 구멍이 너무 커서 여성들이 휴지로 막아놓은 것도 있었지요. 그걸 보고 '야, 말로만 들었는데 정말 미치겠구나' 이런 생각을 했어요.

그후 '몰카' 단속을 강화하겠다는 정부 발표가 있은 뒤에 그곳에 가봤더니 벽하고 문이 새것으로 완전히 바뀌어 있었어요. 문은 철문으로 바뀌고 CCTV도 새로 달렸어요. 물론 화장실 안쪽이 아니라 바깥쪽으로 비추게 되어 있었지요. 그걸 본 순간 정말 다행이라고 생각했어요. 적어도 그 건물은 전보다 여성에게 더 안전한 공간이 된 거잖아요. 별거 아니라고 생각할 수도 있고 앞으로 가야 할 길도 멀겠지만, 저는 그 순간 '오늘도 우리는 승리했구나' 하고 생각했어요. 그래야 계속 승리할 것이라고 믿을 수 있기 때문이에요.

힘드실 거예요. 한국에서 여성 감독으로 산다는 건. 그건 질문하신 분이 여성이기 때문이기도 하고 하필이면 영화감독이 되고 싶어서이기도 해요. 또 본인의 능력 때문에 힘든 것도 있을 거예요. 그런 것들을 전부 다 구분할 수 있으면 승리할 수 있어요. 어떤 건 나 때문에 힘들어요. 내가 무능력해서, 내가 잘 몰라서, 내 재능이 부족해서, 그래서 힘든 게 있어요. 그런 것과 내가 여성이라서 힘든 것, 내가 영화감독이 되고 싶어서 힘든 것을 명확하게 구분해내면 승리할 수 있어요. 능력이 부족한 건 공부하면 되고, 여성이라서 힘들면 옆의 친구와 손을 잡으면 돼요. 다른 게 힘들다고 하면 그 나름대로 승리할 수 있는 방법이 있어요.

우리가 왜 매번 지냐면 이것들을 하나로 뭉뚱그려서

보기 때문이에요. '아, 나 진짜 힘들어.' 이렇게만 보면 집니다. 그러면 어느 누구와도 연대하기 힘들어요. 구체적으로 무엇 때문에 힘든지가 분명해야 연대가 되는데 그냥 힘든 걸로는 연대가 안 돼요.

차별에 대처하는 방안은 없지만 고난을 이겨내는 방안은 이것입니다. 언제나 그 고난들을 분리해내는 거예요. 나의 고통이 뭉텅이가 아니라 제각각이라고 생각하면 이겨낼 수 있습니다. 그리고 하나 덧붙이자면 굳이 영화학과 안 가도 영화감독 할 수 있어요.

예술가와 작품을 별개로 평가해야 한다고 생각해왔는데,
우디 앨런의 경우나 미투 운동 등을 보면 그렇게만 보기는
어려운 듯합니다. 어떻게 생각하시는지요.

우선 우디 앨런은 확정범이 아니에요. 수양딸 성추행 혐의로 검찰 수사를 받기는 했지만 기소되지 않았잖아요. 물론 우디 앨런 편을 들자는 건 아닙니다. 사실관계를 명확히 할 필요가 있다는 거지요. 미투 운동을 예로 들면 그중에는 가짜가 있을 수도 있어요. 지금 나오는 폭로들이 가짜라고 얘기하는 게 아니에요. 이 문제가 확산되다보면 어느 순간 가짜가 끼어들 수도 있어요. 그런 몇몇 가짜들 때문에 미투 운동이 우리 사회의 불평등 문제나 만연한 성폭력 문화를 변화시킬 담론을 형성하는 대신 일종의 진실 공방이 돼버리면 너무 슬프잖아요. 얼마나 많은 분들이 용기 있게 증언을 하셨어요. 그분들이 가해자를 죽이

고 싶어서 증언을 한 게 아니라 다시는 그런 일이 없기 바라는 마음에서 용기를 낸 거잖아요.

그렇기 때문에 우리, 다시 말해 미투의 당사자가 아닌 미투의 지지자들이 주의해야 하는 것이 두가지 있는데요, 하나는 '내가 남의 불행을 즐기는 건 아닌가?' 하는 생각을 해봐야 한다는 겁니다. 트위터 리트위트 할 때도 이것이 피해자가 원하는 것인지 아니면 내가 불행을 전시하기 위해서 하는 일인지를 생각해봐야 해요.

내 생각이나 의견보다는 자신이 피해자라고 선언한 그 용감한 사람의 입장에서 고민해야 될 때가 있어요. 피해자 우선주의라는 건 그거예요. 피해자가 무조건 옳다는 게 아니라 피해자에 대해서 계속 생각하는 것, 그게 중요합니다.

두번째로 사건의 성격을 분명히 파악하고 구분해야 해요. 가령 아직 이혼하지 않은 사람이 다른 누군가와 바람이 났다, 이것이 성폭력인가? 저는 그렇게 생각 안 해요. 그건 도의의 문제지 폭력의 문제는 아니지요. 반면 교

수가 본인 연구실의 대학원생에게 추파를 던졌다, 그랬다면 그건 권력관계에 의한 성희롱이 될 수 있지요. 그런데 또래 친구에게 '너 요즘 예쁘다' '혹시 애인 있냐?' 이런 식으로 플러팅을 했다면 범죄로 봐야 할까요? 그런 거 없이 연애를 어떻게 하죠? 서로 눈빛만 봐도 마음이 통해서 연애하고 결혼하는 건 아니잖아요. '너 예쁘다' '그 옷 잘 어울린다' 이런 말들이 권력관계에 있는 건지 아닌지 살펴야 한다는 거지요. 그래야 폭력인지 아닌지 구분할 수 있으니까요. 물론 '남녀는 무조건 권력관계다'라고 하면 저는 할 말이 없는데, 사실 그렇지 않은 일들도 있지 않습니까.

이건 질문과 좀 다른 이야기인데, 불편한 것과 부당한 것이 다를 때가 있어요. 내가 불편하다고 다 부당한 게 아니에요. 불편해도 감수해야 하는 일도 있고, 엄격한 규칙과 시스템 안에서 엄격한 지도 아래 훈련되어야 하는 일도 있어요. 그 모든 걸 억압이라고 단정할 수는 없어요. 물론 그런 훈련 중에 욕을 한다거나 폭력을 쓴다면 그건 분명한 억압이지요.

그러나 종종 시스템 자체가 사람을 극한까지 몰아가는 일들이 있거든요. 예를 들면 영화 스크립터 일이 때때로 그래요. 스크립터는 촬영 때마다 나와서 스크립트대로 촬영하는지 확인하고 그 내용을 일일이 기록하는 사람이에요. 통상 영화는 이야기 순서대로 찍지 않고 촬영 기간도 매우 길기 때문에 장면과 장면 사이의 확실한 연속성을 유지하기 위해서 스크립터가 장면마다 촬영 각도, 소품, 의상, 렌즈, 분장, 동작, 카메라 워크, 테이크의 시작과 종료 상태 등 가능한 모든 것을 세세히 기록해둡니다. 심지어는 방금 전에 찍은 장면에서 배우 머리띠 위치까지 다 점검하고 오케이인지 아닌지 점검해야 해요.

그런데 감독들이 오케이, NG를 딱 명확하게 안 하고 '이건 키프(keep, 보류)' 그럴 때도 많아요. 그러고는 '잘 모르겠어. 좀 더 생각해보고' 그러죠. 생각해본다고 더 좋은 생각이 나오나? 그런데 저도 그래요. 잘 모르겠고, 무섭거든요. 스크립터는 그 모든 걸 다 기록해야 해요. 엄청나게 힘든 일이고, 엄격한 통제하에 엄격한 지도로 고난이도의 노동 생산을 해내야 하는 일이지요. 그렇다고 스크립터 일 자체가 억압적인 건 아니지요. 이런 것들을 구분해야 하는 거예요.

왜냐하면 인간이란 게 정말 더럽게 복잡하지 않습니까? 이왕이면 나쁜 놈들은 한군데 모여살면서 명백하게 나쁜 짓을 눈에 띄게 해주고 피해자는 늘 착한 사람이고 그러면 얼마나 좋아요. 영화에서처럼 말이지요. 그런데 현실은 그렇지 않다는 거예요. 피해자가 피해자인 이유는 피해를 받았기 때문이지 훌륭한 사람이기 때문은 아니거든요. 가해자가 나쁜 놈인 건 가해를 했기 때문인 거지 그 사람 인생 전체가 쓰레기인 건 아니잖아요.

그렇기 때문에 가해자와 피해자 사이에서 최대한 바른길을 걸어가려는 우리는 생각을 정말 많이 해야 합니다. 할리우드의 영화제작자 하비 와인스틴은 나쁜 짓을 정말 많이 했어요. 저는 그 사람이 그간 쌓은 명예나 지위 등을 전부 잃어야 마땅하다고 생각해요. 그렇지만 하비 와인스틴이 제작한 영화니까 상영해서는 안 된다는 건 굉장히 위험한 생각이에요. 그 사람이 제작한 영화라고 그 사람만의 영화는 아니잖아요.

비슷한 예로 2017년 말에 이화여대 본관 건물 옆에 있는 김활란 동상 철거 논란이 있었어요. 이화여자대학교 학생들이 '김활란 친일행적 알림팻말 세우기 프로젝트 기획단'이라는 것을 구성해서는 김활란 동상 앞에 그의 친일 행적과 발언 등을 적은 팻말을 세웠는데 학교 측에서 학생들과 논의 없이 팻말을 치운 거예요.

저는 학생들이 정말 잘했다고 생각해요. 논란이 있는 인물의 동상을 제대로 관리하는 방법은 동상을 없애버리는 게 아니라 동상에 그 인물의 잘못을 일일이 기록하는 거예요. 이화여대 초대 총장인 김활란은 이런 나쁜 일들을 했지만 우리는 그것을 반면교사 삼아서 절대 그렇게 하지 않겠다는 거잖아요. 초대 총장이 친일을 했다고 이화여대 전체가 비난받아서는 안 되듯이 잘못의 경계를 확실히 구분해야 한다는 겁니다.

다큐멘터리를 촬영하며 다양한 인간관계를 맺었으리라
짐작합니다. 그중에는 이해하기 어려운 사람도 있었을 텐데,
인간관계에 대한 가치 판단의 기준이 있는지 궁금합니다.

저는 다른 사람에게 별 관심이 없고 공감능력이 조금
부족한 편이에요. 어렸을 때는 그게 큰 콤플렉스였어요.
그래서 다른 사람들 이야기에 귀 기울이고, 잘 모르겠더
라도 사람들 옆에 버티고 서서 그들을 이해하려고 애쓰면
서 열심히 훈련했어요.

특히 '위안부' 피해 할머니들과 9년 동안 함께했던 시
간이 제게는 굉장히 중요한 경험이자 공부가 됐어요. 「낮
은 목소리」를 만들며 보낸 9년이 제게 어떤 의미냐는 질
문을 받을 때마다 저는 제 인생의 전부라고 답해요. 할머
니들 대부분이 심한 대구 사투리를 쓰셔서 제가 잘 못 알
아듣고 멍청한 질문들을 쏟아내는 장면들이 영화에 다 담

겨 있어요. 그렇게 누군가의 말을 듣는 것, 무슨 말인지도 모르지만 일단 들어보는 것, 그 경험이 제 인생에 소중한 거름이 됐지요.

사실 할머니들 모두가 전부 천사같이 순한 분들은 아니에요. 우리나라에 '위안부' 피해자로 신고, 등록된 분들 가운데 단 한분도 같은 위안소에 계셨던 분이 없어요. 할머니 한분 한분이 다 다른 위안소 출신이라는 얘기지요. 그만큼 위안소에서 살아남기가 어려웠다는 거고, 거기서 끝끝내 살아남았다는 건 다들 여간한 성격은 아니시라는 거지요. 정말 독한 마음을 먹지 않으면 하루도 버티기 힘든 곳이잖아요. 그런 곳에서 청소년기를 보낸 분들이세요. 그래서 할머니들 처음 뵐 때는 서운한 부분도 많았어요. 아직도 기억나는 게 추석 때 되면 사과나 배 같은 과일 선물이 들어오잖아요. 그게 박스째로 쌓여 있으면 제게도 몇개 나눠줄 법도 한데 방에서 과일이 썩어나도 하나를 안 주시더라고요.

그런데 시간이 지나 할머니들이 세상과 만나고 '위안

부' 운동을 전개하면서 할머니들이 변화합니다. '우리만 불행한 게 아니구나. 우리만큼 불행한 사람들이 많구나. 사람들이 우리 편을 들어준 것처럼 우리도 그래야겠다.' 그렇게 처음 세상에 자신을 드러냈던 때와는 다른 모습으로 할머니들도 조금씩 성장을 합니다. 감동적이지요. 그 엄청난 과정을 지켜봤던 순간들이 저라는 사람을 보다 나은 인간으로 만든 것 같아요.

그리고 다행히 제게는 좋은 친구들이 있어요. 불편한 소파 같은 친구들요. '언제나 네 편이 돼줄게' 하는 대신 '너 요즘 조금 이상해졌어'라는 말로 언제나 저를 경계하게 해주는 친구가 있어요. 그런 게 굉장히 중요합니다. 우리는 누구나 실수를 해요. 잘못된 판단으로 잘못된 행동을 하고 비겁해져서는 도망쳐버릴 때도 있지요. 또는 돈에 눈이 멀거나 욕망에 가득 차서 훨씬 더 소중한 걸 놓칠 때도 있어요. 그때 옆에서 불편한 말을 해주는 친구가 있어야 해요. '너 인생 그렇게 살아도 돼?'라고 말할 수 있는 그런 친구가 필요하다고 생각해요.

Q

『그 남자네 집』을 읽고 아버님과 화해하게 됐다고 말씀하셨는데,
감독님께서 특히 좋아하시거나 삶에 큰 영향을 미친
다른 소설 혹은 영화는 무엇인지 궁금합니다.

제가 본 소설이나 영화 중에 좋았던 것을 추천해달라는 질문을 받으면 저는 대개 확실하게 대답하지 않습니다. 왜냐하면 억울하잖아요. 저는 수십 수백편의 그저 그런 작품들을 보고 그중에서 한두개를 발견한 건데 그걸 알려달라는 질문을 받으면 당황스럽고 억울하지요. 저는 여러분도 재미없는 작품들을 보고 견디는 지루한 과정을 통해 스스로 명작을 찾아낼 의무와 권리가 있다고 생각해요.

실제로 제가 읽은 책의 3분의 2는 재미있어서 읽은 게 아닙니다. 그냥 버틴 거예요. 재미도 없고 도통 무슨 얘기를 하려는 건지 잘 모르겠더라도 그냥 읽어넘기세요. 중요한 건 끝을 보는 거예요. 덮었는데 무슨 얘긴지 모르겠

다고 해도 그게 무슨 상관이에요. 난 그 책을 읽었는데. 그러면 어느 순간 나에게 좋은 책이 어떤 것인지 찾을 수 있게 돼요. 내가 어떤 책을 싫어했다면 그 책이 왜 싫었는지도 금방 알게 되죠. 익숙지 않은 것을 억지로라도 먹는 경험을 쌓다보면 익숙지 않음과 싫음의 차이를 알게 되기 때문입니다.

영화도 마찬가지예요. 제가 본 영화 중 3분의 2는 재미로 본 게 아닙니다. 어디 갇혀서 2시간 반짜리 예술영화나 독립영화를 본다고 생각해보세요. 생각만 해도 지루하지요. 그러면 저는 그게 안 지루할까요? 여러분이 재미없다고 느끼는 건 저도 재미가 없어요. 제가 재미없는 영화를 만들지언정 재미없는 영화를 좋아하지는 않아요. 저도 그냥 버티는 거예요. 재미도 없고 무슨 얘기인지도 모르겠는 영화를 그냥 보는 거지요. 아까도 말했듯이 끝까지 버티는 게 중요합니다. 무슨 얘기인지 모르겠으면 중간에 딴생각하면서 나만의 이야기를 만들어봐도 좋고, 심지어는 중간에 졸아도 됩니다. 엔딩크레디트 떨어질 때까지 버티는 게 중요하지요. 다만 집에서 보지는 마세요. 집에서 텔레비전으로 영화 보면 중간에 멈추고 라면 한그릇 먹고 휴대폰으로 게임도 하고 그러잖아요. 그러지 말고 극장에서 처음부터 끝까지 버티고 보세요.

제가 최근에 재밌게 봤던 영화를 굳이 한편 추천해드리자면 2017년에 개봉한 「더 포스트」라는 영화는 놓치지 말고 꼭 보셨으면 좋겠어요. 위대한 메릴 스트립과 톰 행크스가 나오는 아주 우아한 영화예요. 스티븐 스필버그 감독 영화인데, 워터게이트 사건 터지기 전 닉슨 대통령 시기를 담은 영화로 『워싱턴 포스트』 신문사가 주 무대예요. 이 영화 보시면 틀림없이 즐거우실 겁니다.

차기작으로 강풀 작가의 「조명가게」를
영화화하기로 결정하셨다고 해서 기대하고 있습니다.
어떤 점에 끌려서 선택하게 되셨는지 궁금합니다.

네, 말씀대로 강풀 작가의 「조명가게」라는 웹툰으로
영화를 준비하고 있습니다. 배경이 겨울이라 12월쯤 촬영
을 시작할 거 같아요. 「화차」 때도 그랬지만 저는 원작 고
를 때 딱 한 문장 때문에 갑니다. 나머지는 이상해도 상관
없다고 생각해요. 어차피 다 바꿀 테니까. 「화차」 때도 여
자 주인공이 자기 같은 피해자를 잡아먹었다는 것 하나만
가져가고 나머지는 다 바꾸려고 했어요. 그래서 저는 저
작권 살 때 '다 바꿔도 되나요? 제목 바꿔도 되나요? 내용
바꿔도 되나요?' 이런 걸 꼭 물어봐요. 그걸 허락해주면
사고 아니면 안 사요. 일본 작가 중에 히가시노 게이고는
그걸 절대로 허락하지 않는 사람이에요. 그래서 그 사람

소설을 제가 영화화할 일은 없을 거 같아요.

강풀 작가의 「조명가게」는 「화차」 끝내고 차기작 고민하다가 응급실에 대한 이야기를 찍고 싶다는 생각이 들어서 하게 됐어요. 「조명가게」에 응급실이 아주 잠깐 나오잖아요. 거기에 꽂힌 거예요. 삶과 죽음 사이에 있는 조명가게라는 상상도 좋았고요. 그래서 강풀 작가에게 원작을 다 고쳐도 되냐고 물어보고 영화화를 시작한 거지요.

원작은 사랑하는 사람을 위해 희생하는 얘기잖아요. 그런데 저는 그런 걸 잘 안 믿어요. 사랑하는 사람을 위해 뭘 희생한다는 게 잘 납득도 안 되고 제가 그래본 적도 별로 없고요. 그리고 제게는 그게 그리 감동적이지 않아요. 감동은 사랑하는 사람이 아니라 모르는 사람을 위해 희생할 때 생기지 않나 하는 게 제 생각이에요. 그래서 원작에 있는 멜로 코드는 다 지웠어요. 남녀관계, 동성연인, 심지어는 모녀관계까지도요. 저는 그게 의미 없다고 생각했어요. 강풀 작가님은 세상을 정말 예쁘고 아름답게 보지만 저는 그렇게 못 봐요. 어려서부터 아버지랑 책이나 태우던 사이인데…

아무튼 이 「조명가게」를 놓고 2년 동안 고민해서 생각해낸 것이 중년 남자가 후회하는 표정을 짓는 장면이에요. 「화차」때는 왠지 모르게 온몸에 피범벅을 한 젊은 여자 얼굴이 당겼거든요. 그런데 「조명가게」 시나리오 쓸 때는 한 중년 남자가 지난 시간을 후회하고 앞으로 좀더 잘해보고 싶어하는 그런 표정이 떠올랐어요.

그래서 나온 게 아이가 수학여행 가서 죽고 그 일로 아내까지 자살한 한 남자 형사의 이야기였어요. 그 시나리오를 마친 게 2014년 3월이었는데 그로부터 한달 뒤에 세월호 참사가 일어났어요. 다행히 캐스팅 전이라 그 이야기를 버렸습니다. 당연히 저 때문에 일어난 일은 아니지만 괜히 저 때문인가 싶은 기분이 들고 시나리오 볼 자신도 없었어요. 그래서 그후로 2~3년 더 놀다가 「조명가게」 이야기를 다시 잡았지요.

내용은 완전히 바꿨어요. 아이가 죽고 그런 건 다 없애고 세상을 잘못 산 중년 형사와 자기도 모르게 좋은 일

을 하게 되는 응급실 레지던트 얘기로요. 들어도 이해가
안 되죠? 원작에는 그런 인물들이 없으니까. 지금 제 영화
에는 원작대로 나오는 사람이 딱 한명이에요. 여고생요.
그 여고생이 주인공이고, 원작에서 노래 부르던 소년은
어른이 돼서 나와요. 더 놀라운 건 조명가게에는 주인이
없어요.

　제가 영화 내놓을 때마다 가지는 욕망은 관객분들이
영화를 보신 다음에 원작과 다른데 감정이 비슷하다고 봐
주시는 거예요. 그렇게 생각해주시면 저는 행복할 거 같
아요. 아까 말씀드린 것처럼 저는 원작의 한 문장이나 단
어에서 출발하는 걸 좋아해서 「조명가게」 다음 작품은 김
탁환 작가의 소설을 원작으로 하려고 생각하고 있어요.
다만 그건 원작과 비슷하게 가려고 합니다. 주인공 이름
도 같아요.

감독님이 영화에 숨겨둔 문장을 관객들이 찾아주길
바란다고 하셨지요. 그렇다면 영화에 숨겨진 감독의 메시지,
그 한 문장을 좀더 잘 찾아낼 수 있는 방법이 있을까요?

작품에 숨겨진 문장을 찾는 데에는 정답이 없습니다.
감독이 영화에 어떤 정서나 생각, 얇은 결의 주장을 담았
다고 해도 그것이 관객과 만나는 순간 모든 영상 작품은
관객 개개인의 것이기 때문입니다.

가령 제가 지구의 환경에 대한 영화를 만들며 뭔가 곧
멸망할지도 모른다는 식의 비관적인 정서를 담았다고 해
보지요. 그런데 관객이 제가 만든 영화를 보고 인간 개개
인의 욕망이 미래를 위해 제어되어서는 안 된다는 메시지
를 받아들였다면, 관객이 영화를 잘못 본 것일까요? 아닙
니다.

숨겨둔 문장이란 해석해야 하는 대상이 아닙니다. 관

객이 숨겨둔 문장을 어떻게 해석하든, 그것은 제가 수줍
게 준비한 마음의 전달 같은 것입니다.

앞서 상업영화의 한계를 말씀하셨지요.
그럼에도 감독님께서 상업영화를 선택하신 이유가 무엇일지,
상업영화의 한계를 극복할 방법이 있을지 궁금합니다.

그것이 굳이 극복해야 하는 것인가라는 단순한 대답부터 드리고 싶습니다. 제가 독립영화를 만들다 상업영화로 온 것은 보다 많은 일상의 관객들과 아슬아슬한 줄타기를 하고 싶어서입니다. 극장에 오는 대중들의 욕구와 제가 만들고 싶은 영화에 대한 욕구 사이에서 줄을 타듯 삐걱거리며 그 사이의 어떤 지점에서 일치를 볼 수 있다면 참 좋은 일이겠다는 생각을 한 거지요.

무엇보다 상업영화건 독립영화건 예술행위라는 것은 필연적으로 그 사회의 지배적인 세계관이나 담론에 종속될 수밖에 없다고 생각합니다. 그렇기 때문에 때로 어떤 영화를 만드느냐 하는 것만큼 어떤 세상을 갈망하는가 혹

은 한명의 시민 또는 개인으로서 어떤 삶을 사느냐가 중

요하다고 생각합니다.

검열과 표현의 자유에 대해 말씀하셨지만
대중매체로서 영화의 책임도 중요할 듯합니다.
영화의 윤리와 정치적 올바름에 대한 기준이 있으신지요.

올바름에 대해 고민한다는 것은 이런 의미라고 생각합니다. 시나리오를 쓰거나 영화를 만들다보면 관성에 젖을 때가 많습니다. 예를 들면 이런 거죠. 영화의 배경을 이루는 단역으로 경찰이나 소방관, 혹은 응급실 외과의사가 등장할 때 대개는 그들의 성별을 관성적으로 남성으로 설정하곤 합니다. 또 중심 이야기나 중심 캐릭터를 보조하거나 설명할 때 관객이 이해하기 쉽도록 지나치게 전형적인 캐릭터를 삽입할 때도 있죠. 그럴 때마다 이렇게 하는 게 과연 옳은가 하는 고민들을 계속하는 거지요.

물론 그렇게 하는 게 쉬운 일은 아닙니다. 굉장히 괴로운 일이에요. 상업영화로 옮겨오고 처음 「밀애」 찍을 때는 특히 고민이 많았습니다. 성관계 장면 찍으면서 어떻게 하면 여성의 육체를 대상화하지 않을까 고민하느라 정작 제가 찍고 싶은 숏에는 집중하지 못했어요. 하지 말아야 할 것에 치중했던 거지요. 「낮은 목소리」 때도 마찬가지였어요. 한번은 할머니가 우는 모습을 보고 '여기서 클로즈업하면 안 되지'라는 생각이 먼저 떠올랐어요. 그 할머니가 그때 우셨다고 매일매일 불행하게 사시는 건 아니니까 그 장면을 클로즈업하는 건 윤리적으로 맞지 않다고 생각했어요.

하지만 제 고민이 깊어지고 길어질수록 영화는 더 좋아질 것이고 그로써 더 많은 사람들이 즐길 수 있는 더 좋은 영화가 만들어질 것이라고 믿습니다. 제게 영화란 세상을 좀더 바르게, 좋게 만들기 위해, 보다 많은 사람들의 행복을 위해 노력하는 사람들이 지치고 힘들 때 위로를 얻는 시간이라고 생각합니다. 그리고 그런 위로를 드리기 위해서 애쓰고 싶습니다.

지혜의 시대

영화로 더 나은 세상을 꿈꾸다

초판 1쇄 발행 / 2018년 9월 17일
초판 3쇄 발행 / 2021년 11월 18일

지은이 / 변영주
펴낸이 / 강일우
책임편집 / 김효근 권은경
조판 / 황숙화
펴낸곳 / (주)창비
등록 / 1986년 8월 5일 제85호
주소 / 10881 경기도 파주시 회동길 184
전화 / 031-955-3333
팩시밀리 / 영업 031-955-3399 편집 031-955-3400
홈페이지 / www.changbi.com
전자우편 / nonfic@changbi.com

ⓒ 변영주 2018
ISBN 978-89-364-7675-5 04300
       978-89-364-7953-4 (세트)